LES SILLONS QUE L'ON TRACE

Anne-Cécile Suzanne

LES SILLONS QUE L'ON TRACE

Fayard

Couverture : Le Petit Atelier.
Photographie : © Alexis Dufumier
ISBN : 978-2-213-72606-9

Dépôt légal : janvier 2024.

À mon père, à ma mère, qui ont semé mon bonheur,
À ma fille, Célestine,
qui en traçant ses sillons fera fleurir ma vie.

Introduction

Mon plus ancien souvenir de la ferme se déroule en automne. Le monde autour de moi était si grand que je ne devais pas avoir plus de cinq ans. Il faisait nuit. Une nuit plutôt froide et chargée d'humidité. Mon père était là, sous le hangar fait de tuiles rouges, avec le vétérinaire. On m'avait de toute évidence ordonné de rester à l'écart, car j'étais un peu loin des protagonistes. Je n'osais pas faire un geste. Le silence, lourd et tendu, régnait.

Une vache était couchée au sol, entièrement à plat, les yeux exorbités. Sa tête était maintenue à terre par une corde, accrochée autour de ses cornes et reliée à une barrière. S'y ajoutait le poids de mon père, qui était debout, les deux pieds solidement ancrés sur sa joue, droit comme un i, les mains agrippées à une barrière de fer.

Les pattes de l'animal étaient liées. Le vétérinaire me tournait le dos. Courbé sur sa besogne, il agissait par gestes rapides et assurés. Il avait du sang sur les mains. J'apercevais de temps en temps, au gré de ses mouvements incessants, le ventre ouvert de la vache au-dessus duquel il s'affairait.

Bien plus que les images, c'est l'atmosphère de la scène qui marqua mon jeune esprit. Mon père, normalement si attentif à moi, ne m'adressait pas un regard. Il était immobile. Son visage était partiellement dans l'ombre, mais j'y apercevais une rigueur inhabituelle.

Le temps était suspendu à cet instant. Les minutes passaient sans que rien ne vînt troubler l'œuvre du vétérinaire.

Mais, subitement, ce dernier se redressa, les mains fermées sur deux grosses pattes, qu'il fit émerger du ventre de la vache. Quelques secondes plus tard, un petit veau, mouillé et un peu jaune, était mis au monde.

La vache tenta un mouvement, mais en fut empêchée par les cordes qui l'entravaient et par mon père, qui s'agrippait de plus belle à sa barrière. Abandonnant le nouveau-né à son sort, le vétérinaire me tourna de nouveau le dos et s'affaira auprès de la vache au sol.

Le veau, lui, me regarda, visiblement perdu par le changement de décor. Il secoua la tête. En quelques instants, il fut sur ses pattes. Mais, loin de rejoindre sa mère, c'est moi qu'il vint voir. Je fis quelques pas dans sa direction. Je lui tendis ma main. Il se mit à téter mes doigts.

Partie 1

La préparation aux semis

Avant le semis, l'agriculteur prépare la terre à recevoir les graines et les plants. C'est la partie la plus laborieuse, alors que l'outil fend la terre, rencontre des roches, fait face aux éléments. La pluie peut être un allié, si elle attendrit la terre, ou le pire des ennemis de l'agriculteur, lorsqu'elle rend les champs pénibles, voire impossibles à traverser.

Chapitre 1
Choisir les graines à faire germer

Semer, c'est tenter de donner la vie, mais encore faut-il savoir dans quelles conditions la créer. Il est indispensable ici de connaître la nature du sol et l'histoire de la terre que l'on travaille, de même que l'implantation des sources d'eau profondes. Tout cela détermine le choix des graines à faire germer, de même que la manière dont l'agriculteur travaillera la terre.

Je viens d'avoir trente ans. Je construis ma vie avec un homme remarquable et dans quelques mois, dans quelques semaines, je serai mère. La préparation de cette maternité, l'engagement auprès de mon mari et auprès de cet enfant, sont de ces moments charnières, entre deux vies, entre deux mondes qui basculent. Et je ne peux que revenir, comme par écho, aux dix années que je viens de traverser.

J'ai grandi dans une propriété isolée, au cœur de la campagne normande, dans le parc naturel du Perche, qui me tient tant à cœur. Pas de voisin, pas de frère ou sœur. Partout, des collines, des forêts, des haies entre lesquelles s'étendent champs de blé, prairies généreuses ou encore manoirs chargés d'histoire. Enfant, mes principaux partenaires de jeu étaient les animaux, en particulier de la ferme, et la nature, dans tous ses habits : boue, feuilles, pierres, soleil et pluie. Je montais à poney, souvent, et je m'amusais seule, à m'inventer une vie de princesse, de guerrière, de romancière, à chasser des insectes, des champignons, à remporter des guerres où mon chien, mon chat ou un jeune veau prenait le rôle d'allié contre une adversité inventée. Je passais beaucoup de temps à recueillir tantôt un pigeonneau tombé du nid, tantôt un escargot à la coquille cassée. Je refusais – et refuse toujours – qu'on tue une araignée.

Pourtant la mort, en côtoyant la nature, on l'appréhende forcément.

Un soir, en arrivant à la maison avec ma mère, on trouva mon père dans un état de fureur incroyable. Fusil en main, il était sur le départ. Il avait découvert, nous expliqua-t-il en quelques mots lapidaires, une génisse dépecée dans un champ. Il ne restait que la tête et les os. Malgré les protestations de ma mère, rien n'y fit. En quelques minutes, il était parti en voiture. Deux nuits, il guetta le retour des voleurs assassins, en pure perte.

Au-delà de ce type de faits divers, somme toute assez rares, la mort était bien présente dans la ferme elle-même.

Combien de veaux malades ai-je cherché à soigner au lieu de m'occuper de mes poupées, l'hiver surtout, quand le froid fragilisait les nouveau-nés ? Combien de fois mon père m'a-t-il demandé de les abandonner à leur sort, affirmant qu'ils allaient « de toute manière finir par crever » ? Combien de fois, effectivement, les ai-je vus mourir ? Au-delà des bovins, la mort était dans les boîtes où j'enfermais des insectes, elle était au sein des portées de chatons qui habitaient la paille. Un jour, je ramenai l'un d'eux à la maison. Je le posai dans la salle de bains, sur une serviette installée soigneusement dans la panière de linge. C'est là que ma mère le découvrit, le soir venu. On m'ordonna de le remettre à sa place. Bien sûr, je m'exécutai, attristée. Mais sa mère ne l'accepta plus jamais. Les jours suivant, je le vis errer dans la cour de la ferme, en miaulant. Je le réclamai, mais on m'interdit d'en prendre soin. Et puis on ne le vit plus. Je le retrouvai quelques jours plus tard, au prix d'une recherche attentive, blotti dans un coin, sans vie.

La mort à la ferme n'allait pas sans un grand respect de la vie. Dès que je le pouvais, je suivais mon père dans les champs, ou à quelque partie de pêche au cours de laquelle on relâchait tous les poissons qu'on attrapait. Seules les écrevisses n'avaient pas de chance : on aimait les déguster en rentrant, accompagnées d'une petite crème fraîche.

Qu'il s'agisse des poissons pris à l'hameçon, des chatons sauvages, des oisillons tombés du nid, des sauterelles à une patte, rien n'échappait à mes soins attentifs, mais, finalement, très peu efficaces. Je sauvai même une fois un pigeon, en le nourrissant patiemment avec une allumette et en lui offrant du miel avec un peu de blé. Après plusieurs semaines de soin, il se portait à merveille. Les gens qui passaient admiraient ce bel oiseau qui venait les voir, se percher sur leur épaule, mendier à leurs pieds. Je m'y attachais et il apprenait d'ailleurs progressivement plus d'un tour, motivé par les grains que je lui tendais. Un mois après son sauvetage, néanmoins, il se noya dans un abreuvoir.

Il y a dans l'enfance une sorte d'espoir du miracle et de résignation à la perte qui, a posteriori, me paraît tout à fait remarquable. Je pouvais passer des heures à soigner des animaux mourants, mais oublier en quelques minutes, à l'heure de leur décès, que je les avais chéris.

Ma vie était auprès de ces animaux, en extérieur, et me trouver enfermée à la maison relevait de la punition. Encore aujourd'hui, m'asseoir à un bureau pour écrire ces lignes ne tient que par bonne résolution, tandis que la frêle lumière d'hiver m'appelle à m'aventurer au-dehors, là où la vie se fait et se défait.

Connaître la nature du sol

Pour ma mère, mon père, j'étais le trésor de l'univers.

Ma mère, femme forte et tendre à la fois, supportait toute la logistique de la famille. Elle menait également avec beaucoup d'abnégation sa carrière de médecin et de chef de service hospitalier. Ses journées étaient interminables, entre l'obligation de me déposer à l'école ou chez la nourrice, celle de mener à bien son travail à l'hôpital – notamment les rituelles visites de l'ensemble des malades le matin –, la nécessité de préparer à manger pour mon père le midi avant de retourner travailler, pour finalement venir me chercher, à l'heure si possible, chez la nourrice ou à l'école le soir. Elle ne tenait que par son caractère tenace et déterminé, parfois un peu trop – trait qu'elle m'a certainement transmis.

Il est étonnant, pour la femme que je suis aujourd'hui, de constater à quel point ma mère faisait tenir un pont peu équilibré entre sa carrière hospitalière et son statut de femme dans notre foyer. Elle ne travaillait pas à la ferme, certes, mais toutes les tâches ménagères lui incombaient. Mon père n'assumait pas la cuisine, le ménage, les courses, ma garde, ma toilette. Changer les couches et faire à manger, ce n'étaient pas des occupations de fermier. Il n'y avait ici aucune mauvaise intention. Simplement, l'homme des champs vit dehors, travaille dur et doit, une fois la journée terminée, se reposer. C'était ça, la normalité de notre monde paysan. L'entourage féminin, lui, s'il n'était pas prisonnier des limites parcellaires et des hangars, devait s'adapter et couvrir les travaux d'intérieur.

Ma mère, sans oser l'appréhender ainsi, ni se rebeller, en a je crois beaucoup souffert. C'est aussi sans doute ce qui tiraille encore de nombreuses femmes agricultrices, qui doivent assumer leur vie des champs, leur vie de famille et leur féminité. Ou choisir. En agriculture, rien ne change facilement.

Mon père, rieur, idéaliste, était quant à lui extrêmement droit dans ses principes, un peu paradoxal sur le reste. Il aimait son métier d'agriculteur, tout en le méprisant un peu, en raison de sa dureté, de son injustice dans la récompense de l'effort. Il avait un côté artiste, qu'il déployait dans la maison, en sculptant avec un don certain la pierre, en restaurant amoureusement, un à un, les bâtiments de notre corps de ferme. Il a toujours été mon meilleur ami en même temps que mon père. D'une certaine façon, je cultivais cette proximité, en cherchant, par tous les bouts, à agir comme il l'aurait fait ; comme lui, à cultiver un optimisme spontané et quelque peu désinvolte, à l'égard de tout, même des sujets les plus sérieux. Il fonçait toujours tête baissée, en particulier quand il s'agissait de défendre ses principes, et j'aimais ça, aussi. Il était amoureux de son territoire, de ses collines, de ses forêts.

La ferme est implantée sur un parcellaire très dispersé, sur tout le territoire du Perche, en Normandie. Nous avons des terres parfois difficiles, parfois très fertiles, mais toutes d'une beauté addictive. Papa m'emmenait avec lui dans les champs, et m'initiait ainsi à la contemplation. Des collines herbeuses, d'un vert craquant, qui ondulent au printemps. De grands chênes qui nous couvrent de leurs feuilles à l'automne, dans la forêt de Bellême, là où s'étendent nos plus vastes pâtures. À ses côtés, ou aux côtés des animaux et des arbres, je me sentais à mon aise, dans un univers de calme et de sûreté. Cela n'a jamais été le cas au milieu des enfants, ces pairs à l'air moqueur, qui me laissaient perplexe et anxieuse.

Connaître l'histoire de la terre

À l'école, je n'ai jamais été très heureuse. Je ne savais pas nouer de relations d'amitié, ni même de convivialité. La récréation était un moment terriblement dur pour moi, alors que les petits groupes se formaient et que je restais, désespérément, seule.

Parfois, les adultes n'aidaient pas. Au collège, on nous demandait régulièrement de réciter des poésies. C'était mon point fort : je transformais dans mon esprit les mots en images, je m'appropriais chaque verbe, chaque adjectif, pour m'immerger dans un texte que je retransmettais tel que je le vivais, oubliant la classe devant moi, m'évadant bien loin, en prose ou en alexandrins. Je passai ainsi un jour au tableau, pour réciter le classique *Demain, dès l'aube…* de Victor Hugo. Habitée par le récit du poème, je me plongeai tout entière dans la tristesse d'un père, dans l'or du soir qui tombe sans personne pour l'admirer, dans ces bruyères en fleur qui reposeraient là, un temps, avant de faner comme toute chose autour. Mais, au milieu du récit, la maîtresse explosa de rire. Un rire bienveillant, de surprise, devant tant de théâtralité. L'effet fut immédiat. Je revins à moi devant une classe qui riait aux éclats, encouragée par l'aval professoral. Elle s'excusa, mais je refusai ensuite de passer au tableau pour le restant de l'année.

Maladroitement, j'ai donc passé toute ma scolarité à tenter de me rendre socialement attractive, à peu près en vain. À la campagne, c'est une génération de vingt enfants que l'on suit, de la maternelle au lycée. Se voir coller une étiquette à quatre ans, c'est être assuré qu'elle s'accroche à soi pour longtemps. Mes travers de jeune introvertie n'ont pas pu être rachetés au fil de ces années, sauf peut-être au lycée, où l'adolescent devient plus clément.

Durant toute cette jeunesse passée en pleine nature, avec peu d'amis de mon âge et des parents occupés à travers champs ou auprès de patients, j'écrivais. Ma plume me permettait de rêver d'autres mondes. Mes héros avaient toujours un petit air de moi, mais ils parvenaient à faire ce que je n'avais pas le courage d'amorcer : trouver des compagnons de jeu, oser partir à l'aventure, relever des défis qui jamais, dans ma réalité, ne se présenteraient. Imaginer une fin n'était pas mon point fort, alors les histoires que j'écrivais continuaient, de rebondissement en rebondissement, jusqu'à ce que je me lasse de cette histoire-là, et que, immédiatement, j'en invente une autre.

Le baccalauréat en poche, le départ à la ville sonna comme une délivrance des limites que j'avais toujours connues, en particulier sociales. Enfin, j'allais rencontrer de nouvelles personnes. Mon univers, d'un coup, s'élargissait. Je le fantasmais, entre Flaubert et Baudelaire, fait de lectures à la table d'un café, de rencontres diverses et variées, d'amours éphémères au gré d'une soirée. J'espérais que quitter mon monde paysan pour la ville et sa culture serait synonyme de vie renouvelée, où les sorties et les nouveautés compenseraient largement l'absence de nature et de grands espaces.

Je souhaitais intégrer une classe préparatoire, une hypokhâgne, pour présenter des concours que je ne connaissais pas. Ce choix s'était fait au hasard d'une rencontre : un étudiant que j'admirais et qui était alors à Sciences Po me conseilla de m'orienter vers cette filière d'excellence, a priori passionnante. Une voie en particulier permettait à la fois de suivre des cours de littérature, de philosophie, mais aussi de mathématiques et d'économie. Plus de cinquante heures d'enseignement par semaine, certes, mais une voie royale pour qui n'arrive pas à choisir son sillon éducatif. Ce nom d'hypokhâgne était plutôt classe, il évoquait un peu un club littéraire secret, ce qui participa certainement à mon choix. Cette rencontre fut par ailleurs le seul témoignage que j'obtins alors d'un étudiant en études supérieures. Dans mon lycée, on ne connaissait pas vraiment ces filières, on orientait plutôt vers la fac, ou vers les baccalauréats professionnels. Je tombai il y a peu sur la lettre de motivation que j'avais envoyée à l'une des écoles préparatoires. Ce fut comme un choc. Elle me paraît aujourd'hui d'un ridicule prononcé. Elle témoigne, surtout, d'un manque d'acculturation à la mentalité des études supérieures. Je ne sais, a posteriori, comment elle réussit à convaincre le jury…

Madame, Monsieur

Dans mon souhait d'accéder à votre classe préparatoire lettres et sciences sociales, j'adresse à vous par la présente quelques éléments qui vous permettront de mieux me connaître et d'être plus à même de juger ma motivation à entrer dans votre école.

Car vivant dans un petit coin de campagne où, comme dans les plus beaux contes de fées, les oiseaux chantent, les pommiers fleurissent et les chevaux galopent, il pourrait en effet paraître surprenant que j'ose ainsi m'aventurer dans des études en classe préparatoire.

Il vous faut donc savoir qu'une de mes occupations favorites a toujours été de comprendre ce qui m'entourait. Et si j'ai fini par intégrer la manière dont peut fonctionner une pile ou la raison pour laquelle l'herbe est verte, j'ai aujourd'hui une quête bien plus fondamentale.

En lisant chaque semaine Courrier international *et* Le Monde diplomatique, *en me renseignant sur Internet et en en discutant autour de moi, je me rends compte chaque jour un peu plus de l'incroyable complexité, mais aussi attractivité, du monde qui m'entoure. Et si la possibilité est offerte à chacun de nous de s'y intéresser, il m'apparaît bien plus difficile de le comprendre.*

Même si cela s'avère ardu et nécessite du temps, j'ai la conviction que ce n'est pas impossible. En quittant mon petit coin de verdure, en enrichissant la culture chrétienne qui m'a accompagnée jusqu'à présent, et surtout en intégrant votre école préparatoire, je pourrai, avec motivation et intérêt, mettre toutes les chances de mon côté.

C'est pourquoi je sollicite aujourd'hui l'autorisation de pouvoir bénéficier de votre enseignement de qualité.

Mais serais-je capable d'assumer la quantité de travail extrêmement importante que nécessite votre formation ?

Parallèlement à mes heures de cours, je consacre depuis huit ans deux après-midi par semaine à l'équitation. Je participe par ailleurs très régulièrement à des concours de saut d'obstacles, en vue de me qualifier, comme c'est le cas depuis trois ans, pour les championnats de France.

À cela s'ajoutent trois heures de cours de piano, et ce depuis six ans.

Ces loisirs, s'ils me prennent du temps et de l'énergie, ne me pénalisent nullement dans mes études et constituent ainsi un capital temps que je pourrai consacrer à cette classe préparatoire.

Ainsi, en espérant vous avoir convaincus, je vous prie de croire, Madame, Monsieur, à l'expression de mes salutations respectueuses.

Cette lettre d'une honnêteté naïve me permit tout de même de quitter ma campagne pour intégrer une classe préparatoire nantaise, d'où je n'aperçus que très peu la ville tant la charge de travail était importante. La « prépa » m'offrit néanmoins de changer de monde et d'échapper à mon enfance d'asociale chronique.

J'y nouai des amitiés sérieuses, studieuses, mais aussi sincères. Pleurer devant son cours de mathématiques en équipe, ça forge un lien solide… Je me retrouvai d'ailleurs là-bas, pour la première fois de ma courte vie, en véritable difficulté scolaire. La principale raison à cela était que, initialement, je n'avais pas été acceptée dans cet établissement. Depuis ma petite école de province et ses 70 % de réussite au bac, je ne faisais clairement pas le poids face aux élèves brillants issus des grands lycées. Un 18/20 chez moi, cela valait objectivement un 12/20 à Henri-IV, et je m'en aperçus effectivement un peu plus tard. Ce n'est qu'à la suite d'un désistement et grâce à mon insistance qu'on me rappela peu après la rentrée pour m'informer qu'une place s'était libérée. J'arrivai donc avec quelques jours de retard sur la ligne de départ, et la course était déjà lancée.

Je trouvai néanmoins dans l'internat de ce petit établissement nantais une fraternité que je n'avais encore jamais connue auprès de mes camarades d'école. On m'ouvrit une petite chambre verte, aux grandes fenêtres. Elle se résumait à un long bureau, collé au mur, à une étagère de bois gris, un lavabo et, en haut d'une échelle, sous les combles, un lit. Une fois mes valises posées, on me prit sous le bras, on m'expliqua ce que j'avais raté, une fois, deux fois, parce que j'avais du mal à percuter. Et puis il fut l'heure de dîner, quelques étages plus bas. Le cuistot nous refilait des gâteaux en cachette, « ça donne des forces pour réviser ». Je pris enfin un nouveau départ.

Alors que j'avais le sentiment que le monde s'ouvrait à moi, entre Socrate, Obama et Hegel qui prenaient vie tous à la fois dans mes cahiers, mon univers se résumait paradoxalement à trois étages. Le premier étage était celui des cours, où se succédaient mathématiques, littérature, langues, philosophie ou encore économie. Au rez-de-chaussée, on se retrouvait pour des repas animés par nos débats, sur les copies que l'on venait de rendre, sur l'actualité, sur la dernière injustice qui, au travers de la notation décourageante d'un devoir sur table, venait d'être délivrée. Du rez-de-chaussée, on montait en général au second, à l'internat, pour nous laver les dents – seul doux moment où l'on n'avait pas besoin de penser –, ou pour nous livrer à des heures de travail, qui se terminaient au grenier, en haut de l'échelle, dans mon lit, quand j'étais trop épuisée pour continuer. Ce tunnel du quotidien était simple à vivre, mais difficile à traverser.

Je fus longtemps parmi les dernières de ma promotion, luttant laborieusement pour comprendre quel vocabulaire employer, quelles phrases choisir pour exprimer ma pensée. Moi qui avais toujours écrit, je me retrouvais confrontée à l'exercice de la dissertation, précis, carré, réfléchi, stylé aussi. Ardu. Je trouvais dans les théorèmes mathématiques comme dans le langage philosophique un univers au début barbare, rigide. Le marathon ne faisait que commencer, mais il était déjà bien long.

La nuit, je dormais mal. Je faisais des rêves surprenants, notamment un, de façon récurrente, où j'étais en retard au cours de mathématiques, sans doute celui qui m'effrayait le plus. Je courais dans les escaliers et j'apercevais, par une fenêtre, que le cours avait déjà commencé. Il faut bien savoir que cet enseignement allait particulièrement vite. Le professeur commençait à écrire à gauche du tableau noir ses démonstrations compliquées, puis au milieu, puis à droite. Arrivé là, il effaçait chaque pan de tableau, un à un, pour continuer. Gauche, milieu, droite. Alors nous, nous écrivions le plus rapidement que nous pouvions sur nos cahiers, pour ne rien laisser filer. Mais, la plupart du temps, des bouts manquaient, des formules clés que nous n'avions pas le temps de copier. Rêver ainsi que j'étais en retard suscitait chez moi une angoisse à étouffer. Mais ce n'était pas tout, car, arrivée devant la salle, je découvrais que la porte avait disparu ! L'heure tournait, et moi, j'étais exclue, privée de ce cours qui sans moi disparaissait, effacé. Et je me réveillais alors en sursaut, pour me rendormir difficilement.

C'est durant cette période que je découvris à quel point ma famille, ma maison, mes animaux, la nature qui les abritait, m'étaient essentiels.

Connaître les sources souterraines

Mon air, je le retrouvais à la maison, en Normandie. Je rentrais, chaque vendredi soir, pour jouer du piano, monter à cheval, suivre mon père dans les champs. Maman me préparait des plats pour le week-end, mais aussi pour la semaine qui se profilait. Sa quiche lorraine, sa tarte aux pommes lorsque l'automne arrivait et que les arbres se chargeaient de fruits délicieux, portent toujours en elles le bonheur du foyer retrouvé. Avec mon père, nous cueillions les pommes, lui dans le télescopique à conduire, moi en haut, dans le godet. Les perce-oreilles me chatouillaient les bras tandis que je récoltais, méticuleusement : canadas, reinettes et boskoops au ventre rebondi. À la maison, chez moi, je rechargeais mes batteries.

Mais le dimanche soir arrivait toujours très vite et il m'était terriblement dur de quitter mon paradis pour, résolument, travailler dans ma chambre verte de dix mètres carrés. Progressivement, alors que la charge de travail s'accentuait, je m'empêchai de sortir, de suivre mes camarades le lundi soir dans des bars, pour travailler avec acharnement et me donner le temps, le vendredi venu, de profiter de mon paradis retrouvé, de mes parents, de mes chevaux, de mes chiens. Je vivais ainsi, à dix-huit ans, mon premier déracinement et faisais tout pour en limiter la portée en dévorant, boulimiquement, chaque seconde de temps que je pouvais encore passer chez moi, auprès des miens, parce que c'était ça qui, durant chaque jour passé à Nantes, me donnait la force de m'acharner.

Je me trouvai un jour à côté d'une totale inconnue dans le train qui m'emmenait vers la prépa, après un week-end pluvieux, à Nogent-le-Rotrou. Nous avions l'air si déprimées l'une et l'autre, à voir nos proches s'éloigner à mesure que le train quittait le quai, qu'on se reconnut immédiatement comme deux préparationnaires. À peine deux mots échangés, j'éclatai en sanglots et elle fit immédiatement de même. Elle ne rentrait pas beaucoup, me disait-elle, parce que c'était à chaque fois plus dur de partir et qu'elle n'aurait un jour plus la force de s'éloigner. Je l'écoutai, sans rien dire. La pluie battait les carreaux. Je sentais la fragilité de mon interlocutrice. Je n'osai lui répondre que c'était justement dans sa famille qu'elle pouvait puiser la force qui lui manquait. Que jamais il ne me viendrait à l'idée de ne pas revenir chez moi, car c'était la seule chose qui me faisait tenir debout le lundi soir, alors que je sortais de six heures de dissertation.

Elle finit sans doute par abandonner ses retours, car je ne la recroisai plus ensuite. Bien que notre perception du remède ait été différente, cette rencontre me marqua. Notre difficulté commune, alors que nous quittions notre Perche natal pour une nouvelle semaine de travail, me donna quelques forces qui me suivent encore à présent. Nous avions un devoir de réussite, tant l'effort de quitter nos racines était éprouvant. Même si c'était un combat, même si cela paraissait contre-nature, de s'éloigner ainsi de ce qui nous constituait. D'ailleurs, plusieurs mois plus tard, la réussite commença à venir.

À force d'heures passées courbée sur mon bureau, de trajets en train dépensés à lire, apprendre, répéter, je compris progressivement qu'on me donnait en réalité, au travers de ces schémas dessinés sur tableau noir, des outils pour penser. J'émergeai alors de mes difficultés, pour doucement rejoindre le peloton de tête. À la fin de la première année, j'étais dans la bonne moitié du classement. Au bout de deux années, on espérait pour moi les meilleures écoles de la République. L'Anne-Cécile enfant avait grandi durant ce combat. J'avais compris à quel point l'enrichissement pouvait être immense si l'on osait s'extraire du monde qu'on avait toujours connu. J'avais compris aussi que ce ne serait jamais facile de faire un pas de côté, de miser sur une réussite ailleurs, là où l'on n'avait pas les clés. Mais que c'était possible de défier les pronostics, si l'on savait où puiser ses forces, si se projeter ailleurs ne signifiait pas complètement se déraciner. Car les racines, ça donne de l'équilibre, pour ensuite tracer son propre sillon.

Mes parents étaient fiers de moi. Papa vivait un peu mes études par procuration. Pour tous ces livres qu'il n'avait jamais lus, il m'en offrait cent. Pour ces années d'études dont il n'avait jamais pu bénéficier, il me poussait à continuer autant que je le pouvais. On guettait les ventes aux enchères particulières, où les livres se vendaient par lots entiers. Et on enchérissait. Je me retrouvais en Normandie avec une bibliothèque infinie de connaissances à acquérir, d'histoires à découvrir. Les vieux livres portaient en eux l'odeur du papier et la promesse de voyages divers et variés. Toutes ces explorations m'emmenaient bien loin de l'agriculture et de mes terres. Et c'était là l'objectif que mes parents leur avaient fixé.

Focalisée sur mon propre devenir et les prouesses que j'étais déterminée à accomplir, je ne compris que tardivement que le monde, à côté de moi, sous moi, sur moi, s'effondrait.

Chapitre 2
Fendre la terre

Fendre la terre par le labour est un travail rude, que nos ancêtres réalisaient grâce aux chevaux et qui est aujourd'hui assumé par les plus gros tracteurs des exploitations. Il faut dans cette tâche décider la ligne de labour à suivre, puis entamer le travail, qui soulève, déracine et enterre les cultures anciennement en place. En résultent des sillons grossiers de labour, qui n'ont rien à voir avec les fins sillons des semis.

Mon père se plaignait depuis quelque temps d'une grande fatigue. À voir ma mère s'affairer entre l'hôpital et la maison, je le trouvais même un peu fainéant, à se coucher dès qu'elle avait le dos tourné. Il dormait souvent, avait quelques problèmes de digestion, perdait un peu l'appétit. Ma mère ne semblait cependant pas inquiète, mon père en parlait peu. Le monde tournait autour de moi, de ma réussite, de mes concours. À tel point que, lorsque mon père m'apprit qu'il était atteint d'un cancer, je tombai des nues.

Il m'annonça sa maladie dans le couloir qui mène à l'escalier, lui-même menant à ma chambre. Cet escalier, il lui avait fallu des semaines pour le construire. Il était fait de lourdes pierres blanches, savamment empilées. Une rambarde de fer forgé, torsadée, en traçait les limites. Mon père, pour la réaliser, avait tout d'abord construit sa forge, puis, ne voulant attendre une période plus propice, s'était entêté à la mettre en route en plein mois d'août, alors que le soleil n'en finissait pas de transpirer sa lourde chaleur. Je le vois encore aujourd'hui, frappant le métal brûlant, ma mère affolée qu'il s'époumone ainsi.

Je filais donc, vers cet escalier, vers je ne sais quel but qui se trouvait à l'étage, lorsqu'il m'arrêta au passage. Il me le révéla en une phrase : « Dis, Coco, je dois te dire, j'ai attrapé un cancer », et me prenant maladroitement dans ses bras, les larmes aux yeux, il ajouta : « On ne me donne plus que quelques mois à vivre. Peut-être que quelques semaines. Mais ça va aller. Je vais me battre et ça va aller, je ne vais pas me laisser faire. » Il avait dû lui en falloir du courage pour me dire cela sans s'effondrer. Je ne l'avais jamais vu pleurer. C'était dit. D'un seul coup, mon monde s'effondrait, à cause du vacillement de son pilier central : ma famille, mon père.

Mais la réalité ne me percutait pas encore. Je me souviens du vertige qui me prit, sans que j'arrive à vraiment sentir la douleur émerger. Une sensation si difficile à décrire… Un jour, pendant un concours d'équitation, je m'étais pris un coup de pied de cheval, ferré, en pleine tête, au niveau de l'œil gauche. Cela m'avait déchiré la paupière et la tempe, fissuré le crâne. J'avais vu le pied arriver et j'avais fermé les yeux alors que je tombais à terre. En les rouvrant, je vis du sang, mais, mettant les mains à mon visage, je ne trouvais pas d'où ça venait. Ça tirait, bien sûr, sur mon visage entier, mais je n'avais pas mal. La douleur ne vint que plusieurs heures plus tard.

Là c'était un peu la même chose. Mais, à la suite de cette annonce, la douleur ne vint jamais vraiment. Je sentais un déchirement intense en moi, une angoisse comme jamais je n'en avais connu de plus forte, qui s'installait, faisait un nid dans ma gorge, dans ma tête, qui tirait, au niveau des tempes, justement. Et ça irradiait, jusqu'à peser sur chacun de mes gestes, chacune de mes pensées. Mais il n'y eut jamais de déflagration. Mon père m'avait annoncé tout cela avec une certaine pudeur et je ne désirais qu'une chose : le croire sur parole, le croire invincible. Je pense, aussi, que je n'avais pas envie de comprendre, alors je refoulais toute sensation, car pour l'instant mon père était bien là, avec moi.

Scolairement, je n'avais pas vu que l'échec pouvait venir, méchamment, d'une annexe de moi-même, et ne m'en frapper que plus durement. D'un seul coup, ces concours, qui devaient solder mes deux années de classe préparatoire, mes deux années de combat, n'avaient plus d'importance face au duel que livrait alors mon père contre son cancer. Il fallait pourtant y aller. M'enfermant dans une espèce de schéma de pensée qui m'empêchait de ressentir, alors même que mon père se faisait opérer, pour la pose d'une prothèse censée prolonger sa vie de quelques semaines, je passai les oraux de l'Essec, une école de commerce réputée.

Avec le recul, tout dans ces oraux releva du « cliché ». Cette jeune fille qui avant l'oral d'anglais m'expliqua qu'elle n'avait encore jamais rencontré d'enfant d'agriculteur. Ce jeune homme, avant l'entretien de personnalité, qui m'affirma que c'était idiot de nous demander quelle était la pire difficulté que nous avions rencontrée, car nous venions tous d'un milieu protégé. Ou encore ce fameux entretien de personnalité. On m'interrogea sur ce que je pensais des organismes génétiquement modifiés. Je n'en pensais rien, bien évidemment. C'est d'ailleurs assez surprenant qu'on me l'ait reproché : il est souvent sain d'avouer ne pas savoir quoi penser des choses quand on s'y connaît peu. Sans doute aurait-on aimé m'entendre mettre en balance le principe de précaution et celui d'innovation. Mais dans ma tête, en cet instant, tout ce qui comptait était la vie qui balançait entre deux fils dans un hôpital non loin. Et puis à table, même avec un père agriculteur, on n'avait jamais débattu de tels sujets. S'ils avaient su, ces gens, à quel point les débats sur les OGM, l'agriculture et le métier de mon père allaient forger la jeune femme qu'ils avaient sous les yeux…

Mais, en attendant, cette jeune femme échoua lamentablement à presque l'intégralité de ses oraux. Je n'avais pas le cœur à me battre, je n'en avais pas l'envie. Un « à quoi bon ? » sonnait en creux de chacune de mes auditions. Il y eut néanmoins une école de commerce nantaise pour me rattraper en vol. Je l'intégrai alors que mon père, lui, revenait à la maison, en luttant corps et âme contre la maladie qui l'avait pris d'assaut. Quel combat il menait… Lui qui avait toujours été bel homme, un peu dodu, était à présent squelettique, affaibli au point de ne plus pouvoir tenir debout. Il était pourtant encore là, se redressant du mieux qu'il pouvait contre une maladie qui le torturait. L'observer se battre, tête haute, contre son mal, était pour moi très difficile. Je rentrais à la maison en redoutant le moment où le plat ne passerait pas, où la douleur le prendrait, où la fatigue le coucherait. Je retournais à Nantes en cherchant à tout oublier. J'y parvenais plutôt bien.

De refuge, de terre d'enfance, ma campagne normande se transforma d'une certaine manière en terre d'épreuve, tandis que la ville, elle, se muait en une promesse de liberté.

Définir la ligne de labour

Je découvris au sein de l'école de commerce un nouveau monde, fait d'insouciance, d'amitiés et d'amours légères, de soirées à n'en plus finir, d'alcools divers à faire tourner la tête. J'y vivais pleinement ce que l'on peut appeler la joie des vingt ans. Je crois que personne n'aurait pu deviner le drame personnel qui se jouait, tant je savais cloisonner mon esprit et, une fois en ville, tout oublier, rire aux éclats, témoigner d'une joie sincère de vivre et de partager des moments de pure amitié. J'y dévorais la vie avec boulimie.

Je voulais néanmoins rentrer, chaque week-end, par amour pour mon père. Je n'aurais jamais envisagé manquer un de nos repas, une de nos promenades. Je vivais chacune de nos balades comme peut-être la dernière, tout en niant la possibilité même de ce fait. Une duplicité mentale, tranquillement, s'installait et je passais de plus en plus consciemment de l'Anne-Cécile pleine de vie, devant mes amis et ma famille, à l'Anne-Cécile qui s'enfermait derrière des barrières mentales de sauvegarde, celle qui avait peur et qui ne savait pas où elle allait. Dès que j'étais seule et que je m'autorisais quelques fragilités, une angoisse terrible me prenait. Il était dans ces moments très dur de me relâcher, en particulier parce que j'avais perdu la faculté de pleurer. J'essayais souvent, parce que je savais que c'était nécessaire par moments. Mais je n'y parvenais pas, craignant sûrement de ne pouvoir arrêter mes larmes si je les libérais.

J'aurais aimé, à cette époque, aider mon père davantage. Non pas que je m'intéressais à son métier : je savais pertinemment qu'il n'était pas fait pour moi. Mais je n'aimais pas le voir s'affairer, le dos courbé, se fatiguer alors que son énergie aurait dû aller tout entière à sa rémission.

Mon père cependant ne voulait pas que je m'implique ainsi dans le travail de la ferme. Il ne l'avait jamais désiré. J'avais certes voulu apprendre un jour à labourer, mais, après quelques tours de champ, il m'avait fait comprendre que les choses iraient bien plus vite si c'était lui qui conduisait. Face à l'impatience de sa figure paternelle, j'avais fini par descendre du tracteur et lui laisser la place. Je n'avais pas davantage eu le droit de faire naître un veau, de manipuler d'autres engins ou de m'introduire seule dans les cases des jeunes vaches. Mon père avait toujours estimé qu'il était inutile d'enseigner à sa fille ce genre de choses. Il ne s'agissait pas d'un travail pour mon corps trop frêle, tout d'abord, mais il s'agissait surtout d'un travail d'homme. J'étais, ensuite, destinée à de grandes études, à une carrière prestigieuse. Rien ne devait m'attirer dans la boue et le labeur des champs. Il m'en avait donc exclue, m'empêchant de m'appesantir là où mon futur n'était pas et me poussant à m'élever là où il avait toujours rêvé d'aller. J'avais seulement le droit de l'accompagner lorsqu'il allait voir les animaux dans les champs, pour la promenade, ou lorsqu'il avait besoin d'une menue aide sous le hangar l'hiver. Je ne m'étais jamais rebellée contre cette décision. Ma vie était de fait ailleurs, auprès des chevaux, de mes amis, de la musique, des études, elle était à Nantes et ici, juste le temps de week-ends, pour me ressourcer.

On évitait de parler de sa maladie. On faisait, au maximum, comme si elle n'existait pas. Mais c'était un jeu de dupes. La dureté du cancer cisaillait chaque moment ensemble, comme un grincement incessant, comme une pique dans les côtes à chaque inspiration, à chaque sourire. Cependant, cela faisait moins mal de faire comme si tout allait bien, plutôt que de dire tout haut ce qui nous hantait. Ces moments, si durs qu'ils aient été, m'ont beaucoup appris. Ils m'ont enseigné l'art du masque, de la maîtrise de soi. Ils m'ont appris à pousser tous mes sentiments au fond de moi-même, sans ménagement, afin de faire émerger un personnage fort, inébranlable, qui sait serrer les dents. J'en vois l'utilité aujourd'hui, en tant que femme, jeune, tour à tour directrice, agricultrice, engagée en politique. À l'époque, c'était pour moi d'une dureté extrême. Et cela dura plusieurs années.

En école de commerce, le passage généralement obligé est de partir à l'étranger. À la maison, c'était vécu comme une révolution. Jamais personne, que ce soit du côté de ma mère ou de mon père, n'était parti plus de deux semaines à l'étranger. Encore moins était-il arrivé que quelqu'un s'envole pour y étudier. L'ascenseur social fonctionnait à son plein. Mes amis d'école, eux aussi, étaient enchantés. Chacun préparait le voyage depuis plusieurs mois, en particulier les vacances scolaires sur place, pendant lesquelles il ferait bon voyager en bandes organisées. Je n'osais donc pas avouer que, de mon côté, rien de tout cela ne me faisait vraiment envie. J'envisageais avec anxiété le fait de ne plus pouvoir me mettre au vert, de ne plus voir mon père, qui faiblissait. Je savais bien, avec une forme de certitude irrationnelle, qu'il était immortel. Mais tout de même. Mieux valait m'en assurer.

Pourtant je partis. Vers la terre de toutes les découvertes. Découverte des Amériques, du Grand Ouest, de la glace en cubes, de l'Internet. Boston.

Déraciner

Ma valise était pleine à craquer, tant et si bien que j'avais dû mettre sur mon dos mon gros manteau blanc et marron, en mouton, en plein mois d'août. Mes deux parents m'avaient accompagnée à l'aéroport. La fierté était immense. Moi, j'angoissais un peu. Mes amis s'envolaient vers d'autres pays, au mieux d'autres États américains, ce qui restait très loin. Les personnes de mon école qui se joignaient à moi n'avaient jamais vraiment fait partie des étudiants que je tenais en sympathie.

J'atterris complètement seule. C'était le cœur de l'été, il faisait chaud à Paris, mais encore plus aux États-Unis. Le soleil battait le bitume, j'avais mal aux yeux. Avec ma valise de trente kilos et mon mouton noué autour des hanches, j'entamai mon voyage dans le *subway*. Je me souviens en particulier de ses escaliers, qui me firent l'effet d'un Everest à escalader. Il faisait encore plus chaud là-dessous qu'au-dehors. Les gens y parlaient avec un fort accent, je ne comprenais pas tout. Un poids, surtout, pesait dans mon estomac. Plus que jamais, j'avais le sentiment que je n'avais rien à faire là.

Au *dorm*, je fus accueillie par un étudiant américain enjoué, un tantinet blondinet. Des ballons étaient accrochés partout, ça sentait le jour de fête, des grandes arrivées. Il me mit dans la main une série de *goodies*, une grosse clé carrée, et m'indiqua du doigt la direction de ma chambre. Je découvris une petite pièce, où deux personnes, absentes, s'étaient déjà installées. Restait un lit au fond, sur lequel je déposai mon bagage. Je n'avais, à vrai dire, envie de rien. Je ne voulais pas me l'avouer, j'avais honte, mais je voulais rentrer. Au plus profond de moi, rien ici ne me convenait. J'avais comme une angoisse de déracinée qui excédait de loin celle que j'avais pu connaître en entrant en hypokhâgne. D'ici, il me serait compliqué de rentrer les week-ends pour me recharger. Où allais-je tirer la force dont j'avais besoin, la sève qu'il me fallait ? La gorge nouée, en ce premier jour de fête à Boston, j'avais envie de pleurer. Il faisait nuit en Normandie, mais, branchant mon ordinateur, j'écrivis à mes parents, soulignant ma joie d'être bien arrivée.

Je garde des semaines suivantes un souvenir flou, sans doute du fait que mon esprit était partiellement resté en Normandie. Je m'inquiétais pour mon père, je m'inquiétais pour ma mère.

J'avais le sentiment de perdre un temps précieux que j'aurais pu partager avec eux. Mon chien, mes chevaux me manquaient. Mes amis, aussi, étaient chaque jour plus absents. Je n'osais pas leur faire part du mal du pays qui m'étouffait, eux qui avaient si bien réussi à voyager. Les autres étudiants qui se trouvaient à mes côtés comprenaient mal mes départs prématurés des soirées, ma volonté d'écrire à mes parents plusieurs fois dans la journée, tandis que je ne pouvais pas partager leur hédonisme. Je n'étais pas à proprement parler seule, plusieurs personnes m'accordèrent leur amitié en réalité, mais ma volonté de m'échapper primait sur toutes les autres pensées.

Je me forçais néanmoins à jouer un rôle, à sortir, à danser, à chanter, pour profiter de ce séjour que j'avais, réellement, à une époque, beaucoup convoité. J'ai même voyagé avec quelques étudiants rencontrés sur place, espagnols, suisses, français, mexicains. Nous avons vu New York, le Vermont ou encore Rhode Island. J'ai mangé des glaces aux bords de lacs, bu ces bières infâmes commercialisées par canettes d'un demi-litre dans les supérettes américaines, campé au beau milieu de la forêt. J'y ai pris du plaisir, mais cela me demandait une énergie inouïe, pour oublier le déchirement qui m'habitait.

Très vite cependant, le drame familial qui se jouait en Normandie me rattrapa. Maman était fatiguée, sa bonne humeur était forcée. Mon père n'allait plus bien, la fatigue, il disait. Il ne voulait plus me parler au téléphone et le décalage horaire était souvent la bonne excuse pour me répondre tardivement, quand j'étais couchée, par SMS, étant donné qu'il était trop tard pour appeler. Mes parents insistaient cependant pour que je n'interrompe pas mon séjour d'études aux États-Unis. Mon père avait certainement l'impression que j'allais, par sa faute, manquer un des moments les plus beaux de ma vie. Folie.

Alors je continuai ma vie à Boston. Je m'inscrivis même à une association sportive d'équitation de Boston University. Chaque semaine, je retrouvais ainsi un semblant de campagne, depuis le bus qui nous emmenait, avec d'autres étudiants, vers une écurie en périphérie de la ville, qui avait tout des ranchs de films américains.

Les cours, je les suivais avec intérêt. Il était curieux de constater que mon professeur d'innovation entrepreneuriale, professeur émérite d'Harvard, était un entrepreneur raté, n'ayant jamais réussi, malgré de multiples tentatives, à lancer un business profitable. Je n'avais pour autant jamais connu quelqu'un d'aussi passionnant. Se battre pour concrétiser une idée, nous expliquait-il, vaut tout l'or du monde, tant qu'on a l'humilité, à chaque instant, de réaliser nos erreurs, de les corriger et éventuellement, lorsque c'est impossible, de comprendre les raisons particulières de notre échec. Car alors, nous disait-il, on a appris quelque chose. Nous passions des heures avec lui à étudier des cas d'entrepreneurs, des succès, des échecs, à en décortiquer les mécanismes. Il m'aida beaucoup, en particulier, à ne pas avoir peur d'essayer de réussir, à un moment où j'allais en avoir besoin.

De fait, alors que je tâchais de me frayer un parcours à Boston depuis un peu moins de trois mois, alors que je préparais d'ailleurs mon second séjour à New York, maman me demanda finalement si je ne voulais pas rentrer. Papa n'allait pas mourir, non, mais il n'allait pas bien. Une grosse opération était prévue, peut-être était-il préférable que je le voie avant. Je compris. On ne pouvait exprimer l'inexprimable, mais l'insupportable semblait devoir arriver, sans qu'on puisse bien en prendre la mesure ou lui donner un nom, un mot à la hauteur de sa réalité. Je devais rentrer. Le temps de l'émerveillement à Boston était de toute façon périmé depuis mon arrivée.

Partir, cependant, exigeait quelques formalités. Si l'assurance prenait en charge le retour en avion, encore me fallait-il poursuivre ma scolarité. Sans finaliser mon parcours à Boston, je ne pouvais espérer obtenir mon diplôme d'école de commerce. Il me fallut donc ruser. Convaincre mes professeurs de me laisser continuer à étudier à distance, le temps que mes difficultés personnelles soient réglées. Je savais que je ne reviendrais sans doute jamais, mais je dus soutenir l'inverse. Officiellement, je prévoyais un retour pour la fin du semestre. Mes amis me communiqueraient les cours. Je me livrerais aux devoirs sur table en étant surveillée par Skype. J'enverrais mes *homeworks* par courrier électronique.

Le caractère plus libéral de l'éducation américaine joua en ma faveur, malgré l'évidente complexité de ce programme élaboré à la volée. Je fus bientôt autorisée à partir pour la France et à y suivre mes cours par correspondance, temporairement.

Une fois l'autorisation obtenue, je réservai mon billet d'avion pour le lendemain et je filai acheter quelques cadeaux souvenirs le long de Newbury Street. Mon internat se trouvait non loin de la rue commerçante, je n'eus pas à marcher longtemps les bras chargés de sacs pour le retrouver. J'étais soulagée. J'allais rentrer.

En ouvrant la porte de ma chambre, je tombai nez à nez sur mes colocataires. Elles échangeaient sur la soirée prévue ce soir-là, sur leur vernis et sur ce bel Espagnol, qui me laissait de mon côté des plus indifférentes. Je leur souris et déposai mes paquets sur mon lit. Elles se turent rapidement. Un malaise s'installa dans la chambre. J'y étais habituée. Je ne parvenais plus depuis déjà quelques semaines à me joindre à elles, à partager leur bonne humeur. Je représentais sans doute un poids pour les deux camarades, malgré mon effort pour masquer mon malheur ; ce malheur gênant, pour ceux souhaitant être heureux, mais se trouvant dans l'obligation de compatir. Après m'avoir demandé si j'avais besoin d'aide, elles filèrent prestement.

Le lendemain, après m'être acharnée à faire entrer dans ma valise les reliques de mes périples, je retrouvai dans la rue un de mes amis de voyage, Daniel.

Il avait été, à vrai dire, peut-être un peu plus qu'un ami pour moi. Je l'avais trouvé beau, séduisant. Il était suisse et cela me charmait qu'il manie le français, l'allemand et l'anglais avec tant de facilité. J'aimais sa façon d'être sûr de lui, de dédaigner quelques filles un peu trop collantes qui lui tournaient autour, en soulignant résolument leur vanité. J'appréciais, surtout, qu'il cherche à se promener dans les rues de Boston avec moi alors qu'il aurait pu le faire avec tant d'autres. Seulement, je n'avais pas eu le temps, pas vraiment l'envie. Nous avions certes prévu un voyage à New York, mais mon départ avait bouleversé ce projet. Je ne pouvais plus, à présent, marcher davantage avec lui pour admirer les quartiers environnants. Il s'était proposé de m'accompagner à l'aéroport, de porter ma valise. J'avais accepté, mais déjà, tandis que je descendais dans la rue, je sentais nos destins bifurquer. Si terrible que cela puisse paraître, je le sentais, à chaque minute qui passait, devenir un personnage secondaire d'une histoire qui était en train d'être tracée pour moi, à mon être défendant.

Daniel me serra dans ses bras une dernière fois, avant que je ne franchisse la porte d'embarquement. Je me rappelle encore la chaleur de cette accolade, alors que tout en moi suppliait pour trouver du réconfort. J'aurais aimé qu'il m'embrasse, ce jour-là. J'aurais alors définitivement eu le sentiment d'appartenir à ces films américains, à ces histoires où les héros commencent toujours au plus mal, mais où les cœurs forts finissent par vaincre vaillamment. Seulement, je ne fus pas embrassée et mon cœur n'était pas tellement vaillant, à cet instant-là.

Je m'envolai.

Retourner la terre

Ma mère devait rester au chevet de mon père, qui passait un examen. Ce fut donc une amie, Mathilde, qui vint me chercher à l'aéroport de Roissy-Charles-de-Gaulle, son père au volant. Le trajet passa en un éclair, je n'en garde que des souvenirs flous. Comme dans un rêve, j'arrivai à la maison.

Cette maison signifiait beaucoup pour ma famille.

Ma grand-mère y avait grandi. Elle avait fui les Allemands enfant, à travers champs, depuis le jardin qui se trouvait à l'arrière de la longère. Ses parents lui avaient ordonné de se réfugier chez les voisins alors que la troupe empruntait le petit chemin qui mène à la ferme, pour y passer la nuit. C'est aussi dans cette maison qu'elle avait donné naissance à mon père. Dans la salle à manger précisément. Lorsqu'il avait été autorisé à s'installer à son compte en tant qu'agriculteur, mon père avait ainsi naturellement développé son activité derrière cette maison, à cinquante mètres, alors que ses parents avaient décidé de déménager à quelques kilomètres de là, pour lui permettre de prendre son indépendance.

Cette indépendance avait été radicale : on l'avait laissé se débrouiller, avec pas grand-chose, en estimant qu'un agriculteur des années 1980 pouvait partir de rien et réussir, comme ses aînés l'avaient fait dans les années 1950. Mais, déjà à l'époque, ce n'était plus tellement vrai : les deux crises pétrolières étaient passées par là et la politique agricole commune se faisait moins généreuse et protectrice qu'au temps de l'après-guerre, quand l'enjeu principal était de lutter contre le risque de famine et de pauvreté alimentaire. Les surproductions, de lait, de blé, mirent fin aux prix forts assurés. La génération de mes grands-parents avait trop bien compris l'élan productiviste auquel elle était encouragée. Celle de mon père, en s'installant, en subissait de plein fouet l'ajustement : l'heure était à la maîtrise des quantités produites, pour réguler les trop grands excédents.

Les débuts n'avaient donc pas été faciles.

Mon père, il faut dire, au-delà de la politique agricole, qui ne jouait plus tant en sa faveur, n'avait jamais eu des parents très arrangeants. Pourtant particulièrement doué à l'école, il s'était vu retirer des salles de classe bien avant le brevet des collèges, pour travailler dans les champs. Lui qui rêvait d'être architecte serait agriculteur, quoi qu'il lui en coûte. L'éducation avait été rude, les autorisations de sortie hors de l'exploitation rares et très mal perçues. Il fallait travailler aux champs, durement : profiter de sa jeunesse en sortant, ou s'équiper en engins motorisés, c'était dans un cas comme dans l'autre pour les fainéants. Travailler, d'ailleurs, c'est bien ce qui l'attendait : mon père n'avait été déclaré que très tardivement sur l'exploitation de ses parents, ce qui lui promettait, pour profiter d'une pleine retraite, de travailler jusqu'à ses soixante-dix ans. Cette éducation, à l'époque d'une commune dureté dans le milieu agricole, rendait l'installation à son compte d'autant plus attirante pour mon père.

Mais elle se fit, encore une fois, à la dure. Il acheta tout à ses parents, jusqu'à la fourche qui reposait contre le mur d'entrée. Et il se saisit seul du métier qu'il n'avait pas choisi. Il acheta une vache, puis deux, puis trois, il en engraissa deux qu'il vendit pour s'en racheter quatre et ainsi de suite. Il se mit à louer des terres et, quand la moisson était bonne, il mettait de l'argent de côté pour pouvoir ensuite les acquérir. Ainsi, son exploitation agricole grandit, sans jamais vraiment prospérer. Il devint agriculteur, sans jamais vraiment aimer ce métier, sans jamais vraiment être heureux.

Certaines choses, néanmoins, lui plaisaient. Il aimait la liberté. Marcher dans les champs, faire naître des veaux et voir ses vaches grandir et devenir de beaux et larges animaux. Il aimait aussi son environnement : les oiseaux, les arbres, le travail de la terre, avaient à ses yeux une beauté inégalée.

Il m'a transmis cet amour rude de la nature, en me les montrant du doigt, mais aussi en me permettant d'assister à ses plus belles démonstrations. L'une d'entre elles est l'accueil qu'une nouvelle mère fait à son veau. Mon père m'emmenait volontiers, en me tenant par la main, de sa poigne rugueuse, voir les vaches qui venaient de vêler. On y allait gentiment, doucement, pour ne pas leur faire peur. Il est magnifique d'en voir une découvrir son petit. Elle commence toujours par le chercher du regard, couchée dans la paille, quand elle vient de terminer son effort. Lorsqu'elle l'aperçoit se secouer derrière elle, la maman se lève en général en hâte, anxieuse de l'accueillir dans son nouveau monde. Elle fait alors un petit bruit, un meuglement doux et bref, répété à de multiples reprises. Ce sont des mots d'amour, cela saute aux oreilles de quiconque les entend. Ils ne sont destinés qu'au veau qui vient de naître : jamais une vache ne produit ce type de son pour un autre de ses congénères. À leur écoute, le veau s'ébroue vigoureusement, rassuré de savoir qu'il débute sa vie avec sa mère pour s'occuper de lui.

Ouvrir des sillons

Si mon père en aimait la beauté, il détestait en revanche l'ingratitude du métier. Malgré toute l'énergie déployée, un printemps pluvieux, un hiver trop rude ou un été trop orageux peut faire disparaître les efforts d'une année. Une nuit de veille à guetter une naissance peut aboutir à un veau mort-né. À quarante ans, cela devient frustrant. À cinquante, quand la maladie décide de s'imposer, cela devient tout bonnement étouffant. Finis, les prêts bancaires pour continuer à évoluer dans le métier : on ne prête pas un sou aux mourants. Finies, les longues journées, quand on est fatigué avant même de se lever. Fini, aussi, le contrat du salarié qui aide sur la ferme, quand on se rend compte qu'il profite des séjours à l'hôpital de celui qui l'emploie pour ne pas venir ou pour piquer du gazole dans la cuve. Fini, en réalité, le métier d'agriculteur, quand on se bat pour sa survie.

Si mon père n'avait jamais abandonné ses animaux, ses champs, c'était dans l'architecture qu'il avait trouvé une possibilité d'épanouissement. Il s'était lancé, avec acharnement, dans la restauration de la maison familiale. Depuis vingt-cinq ans, il la rénovait avec un véritable amour, morceau par morceau. Il taillait la pierre, développait une nouvelle installation électrique, refaisait l'enduit, passait ses soirées à rechercher puis poser un pavé ancien d'une grande rareté et, pour lui, c'était cela, sa véritable vie, son véritable don. La maladie n'avait jamais altéré son projet, elle l'avait accéléré, dans une ambition d'achèvement qui n'avait rien de rationnel. Sans doute, aussi, l'ambition de terminer la maison l'avait-elle aidé à trouver la force de se lever chaque matin, quand ses entrailles tiraient et que ses jambes ne savaient plus bien lui obéir. Me laisser son œuvre architecturale achevée, c'était ça, son engagement de la dernière heure.

C'est cette pensée qui me vint à l'esprit alors que le père de Mathilde se garait tranquillement dans la cour de la maison. Depuis mon départ, les travaux étaient restés pendants. La boue était omniprésente devant l'entrée. On devait empierrer le sol une fois les rénovations terminées, mais, pour l'instant, il ne fallait pas trop tenir à ses chaussures. À l'intérieur, Appolon jappait. Mathilde et son père refusèrent poliment d'entrer. Alors qu'ils opéraient un demi-tour, entre les pierres, les tuiles et une longue poutre qui barrait la moitié de la cour, je récupérai la clé dans sa cachette et libérai le vieux braque allemand, qui m'accueillit avec moult gémissements de contentement. Je soufflai. C'était bon de se retrouver à la maison.

Ce n'était cependant pas tout à fait la maison que je connaissais. L'absence de ma mère, en particulier, témoignait de la gravité de la situation. Avoir un enfant avait été difficile pour mes parents et mon arrivée dans ce monde avait sonné comme une bénédiction. Ils m'avaient toujours protégée et aimée, accompagnée dans les moments importants, et jamais, en temps normal, ils n'auraient manqué de fêter mon retour des États-Unis. Seulement, l'heure n'était pas à la fête et maman, qui avait toujours su assumer ses différents rôles de front, ne trouvait pas le temps aujourd'hui d'être au rendez-vous des retrouvailles. C'était un fait inédit.

Déposant mes valises dans l'entrée, laissant la porte entrouverte, je m'assis dans un des fauteuils face à l'imposante cheminée de pierre blanche taillée par mon père. Après avoir fait un tour de cour joyeux, Apollon entra en se dandinant dans la maison, et vint poser sa tête sur mes genoux. Machinalement, je commençai à le caresser derrière l'oreille. Il était réconfortant d'entendre le souffle calme du vieux chien, d'avoir ses yeux amis posés sur moi, indifférents au reste du monde ! À ce moment, je réalisai à quel point l'absence de mes animaux durant ces semaines passées à l'étranger avait été éprouvante. Leur calme, leur joie, leurs facéties, sont autant de réconfort pour l'âme. Aussi, doucement, au fil de ce retour au monde normal, je reprenais quelque courage.

Ma mère ne tarda pas à arriver. Elle était fatiguée. De lourds cernes soulignaient ses yeux bleus.

Elle me regarda en sortant de sa voiture, là, à la porte, et eut les larmes aux yeux. J'allai me réfugier dans ses bras, mais je sentis que, elle aussi, se réfugiait dans les miens. Combien de jours avait-elle dû assumer seule la maladie de son mari ?

Elle reprit vite contenance. Elle avait acheté en chemin un dîner, qu'il s'agissait à présent de réchauffer. Comment s'était passé mon retour ? Le père de Mathilde était-il gentil ? Conduisait-il bien ? Germain, le bon ami de papa, devait passer ce soir pour nourrir les bovins. Il venait tous les deux jours. Il leur mettait un bon paquet d'ensilage de maïs, pour assurer une réserve le jour suivant. Le seul ennui était qu'ils poussaient l'aliment avec leur nez, il fallait donc le rapprocher régulièrement. Les fourchettes clinquaient tranquillement, mon chien posait sa tête sur mes genoux, au loin, une vache meuglait et ma mère parlait. Doucement, inéluctablement, la vie semblait reprendre son cours.

Après le dîner, je ne songeais qu'à me coucher, à m'effondrer, dans le lit qui m'attendait à l'étage : le décalage horaire commençait à peser. Mais, sous le hangar, un moteur retentit soudainement. Germain était venu pour nourrir les animaux. Je pris mon courage à deux mains et allai le saluer.

Germain n'était pas agriculteur, mais mécanicien. Il savait néanmoins raisonnablement manier les tracteurs, ce dont j'étais, tout comme maman, incapable. Dans notre détresse, il arriva comme un secours inespéré. Petit homme très fin, il était animé d'une énergie débordante. Avec lui, tout allait vite : la bise de salut, les pas, le démarrage des engins, la distribution de la nourriture. Seul le rituel apéro pouvait l'arrêter un instant, quand il s'asseyait pour boire un Coca ou une bière, et manger quelques cacahuètes. Mais c'était pour mieux sauter sur ses jambes ensuite et s'en aller aussi vite qu'il était arrivé.

Je le trouvai en train de déposer précautionneusement du maïs aux taurillons avec le godet du gros tracteur de la ferme. La manœuvre paraissait complexe, la place étant limitée entre les cases, la cuve à fioul et les murs de parpaings cimentés. Il orientait les roues dans un sens, dans l'autre, reculait, manœuvrait tant bien que mal pour s'aligner près des auges vides. Trouvant une pelle adossée à un mur, j'entrepris de l'aider. La nourriture sentait fort, mais de toute évidence les taurillons appréciaient. À partir de gestes peu assurés, au son d'un tracteur que je ne savais pas guider, mon aventure agraire, ce soir-là, commençait.

La nuit qui suivit ne fut pas aussi réconfortante que je l'aurais souhaité. Une angoissante masse d'interrogations s'imposait à moi, heurtait ma tête jusqu'à l'épuisement. Germain ne pouvait pas continuer à nous consacrer ainsi ses soirées, il me fallait apprendre à nourrir les animaux moi-même. Serais-je assez forte pour voir mon père demain sans m'effondrer ? Comment allaient les bêtes dans les champs, alors qu'il n'y avait personne pour les surveiller ? Comment pouvais-je m'organiser dans les prochains mois, entre mon père, ma mère, mes cours de Boston, la ferme et ma vie à tracer ? Tout le troupeau devait être rentré pour l'hiver. Qui s'en occuperait ? Je n'avais jamais vraiment conduit un tracteur, ni réellement travaillé sur l'exploitation. Allais-je réussir à tout assumer ? La seule réponse sensée que je pouvais trouver ce soir-là était que non, tout cela paraissait impossible. Pourtant, il semblait tout aussi impossible de capituler : des vies étaient en jeu et laisser tomber la ferme le temps de son absence aurait signifié abandonner mon père. Dans quel état allait-il tout retrouver si je renonçais à prendre les choses en main jusqu'à son retour ?

Les obligations s'accumulaient, sans que j'aie réellement le loisir de les prioriser ou de les assumer. J'avais quitté Boston depuis seulement quelques heures, mais tout cela sombrait déjà dans un passé révolu. S'imposaient à moi le présent et un sentiment d'urgence auquel se mêlait l'impérieuse nécessité de faire survivre mon monde, de le tenir à bout de bras, enserré autour de moi, pour survivre. J'avais la conscience aiguë qu'on venait de m'arracher du monde de l'enfance pour me projeter dans celui des adultes, avec une dureté peu commune.

Chapitre 3
Laisser passer la pluie

La pluie qui vient peut être une bénédiction. L'agriculteur peut supplier sa venue lorsque l'été se fait aride, le printemps trop tardif. Pourtant, lorsqu'elle vient trop tôt, trop vite, trop brutalement, l'eau se révèle une malédiction. Laisser passer la pluie lorsqu'on espère le beau temps fait partie du quotidien de l'agriculteur, car un temps propice pour créer la vie est avant tout un temps qui ne dure pas et qui alterne entre averses et éclaircies.

Voir les nuages approcher

Il est curieux de constater à quel point l'agriculture a toujours poursuivi ma famille, à quel point le destin nous a toujours ramenés à elle. Du côté de mon père, on ne se souvient que d'agriculteurs. Du côté de ma mère, en Lorraine, mon grand-père devait être boulanger. Il l'était d'ailleurs, jusqu'à ce que la guerre le surprenne en 1939. Il rejoignit alors les rangs, du côté français d'abord… parce qu'il était Lorrain. Mais ensuite, fait prisonnier par l'armée allemande, il fut enrôlé de force par cette dernière, en tant qu'Allemand… parce qu'il était Lorrain. Double appartenance qu'il n'accepta pas, désertant quasiment immédiatement le front allemand pour partir dans la Marne. C'est depuis ce département rural qu'il vécut la guerre, avant de revenir, le 4 décembre 1944, en Lorraine. Son père venait d'y mourir, terrassé par un éclat d'obus américain. Il n'y avait plus personne pour tenir la ferme familiale. Ce fut le jour où il devint agriculteur. Le 4 décembre aussi, mais quelques années plus tard, il eut une fille, ma mère.

Depuis son petit village de Lorraine, elle ne devait pas faire d'études. Elle redoubla même sa sixième, alors que, durant toute son école primaire, on lui avait appris les bonnes manières, la cuisine et la couture. Mais elle n'était finalement pas si mauvaise élève. Alors elle voulut devenir infirmière, puis, incitée par le docteur du coin et soutenue par ses parents, médecin. Elle le devint en effet, brillamment, se spécialisant en pédiatrie et se consacrant avec passion à son métier. Des enfants malades, elle en sauva beaucoup, depuis l'hôpital où elle travaillait. Elle en vit mourir de nombreux aussi, tandis qu'elle se spécialisait dans le traitement des leucémies. Sa vie était l'hôpital. Ses nuits étaient l'hôpital. Il fallut néanmoins qu'au détour d'un séjour en Tunisie, organisé par le Club Med, elle rencontrât mon père, agriculteur en Normandie venant s'accorder quelques jours de vacances. Et voilà que, peu d'années plus tard, elle se trouvait de nouveau habitant une ferme, mariée à un agriculteur. Et elle eut une fille, qui se destinait elle-même à un autre combat que celui du travail avec la nature.

Mon histoire pouvait donc être vécue comme un énième rappel fataliste des siens aux champs. Ou comme un retour de ma famille, systématique, à son héritage, fait de terre, et à son devoir de reprendre le sillon transmis par ses ancêtres.

Ce devoir, je le ressentais. C'est lui qui m'animait le lendemain matin, lorsque je me levai aux aurores et descendis de ma chambre, par le grand escalier de pierre. Le vieux chien de papa me fit une fête joyeuse. Il m'escorta jusqu'à la cuisine, où ma mère buvait déjà un grand café. Elle semblait un peu plus reposée et me posa tant de questions sur les États-Unis que je dus l'interrompre afin de pouvoir quitter la table et partir voir comment allaient les animaux.

Je n'avais pas un long chemin à parcourir. Depuis la création de la ferme, le hangar se trouve à une cinquantaine de mètres de la maison. Rien n'a vraiment changé depuis les années 1980, si ce n'est la construction d'un second bâtiment, en parallèle du premier, au tournant des années 2000. On y accède en se faufilant par une petite ouverture, derrière une grande porte de tôle verte. Souvent, on me dit qu'elle est comme une porte secrète vers un autre monde : on passe sans s'y attendre du jardin familial au monde de la ferme. Pour moi cependant, c'est une transition naturelle, une continuité qui a toujours été inscrite dans ma vie.

Je constatai avec soulagement que tous les bovins se portaient bien. Ils étaient encore couchés calmement dans leur litière de paille, la mine à peine réveillée. À cette époque de l'année, ils n'étaient pas encore nombreux à peupler les bâtiments. Mais, à en juger par le froid ambiant et la pluie qui semblait devoir s'éterniser, cette situation ne durerait pas longtemps. Je repoussai dans les auges les aliments qu'ils avaient éloignés avec leur nez pendant la nuit et redescendis dans la cour de la maison.

Le soir même, je devais réaliser un exposé pour mon école à Boston, mon passage était prévu autour de 3 heures du matin. Le temps pressait, je n'avais pas commencé à le préparer. Il devait traiter de la transformation du port de Boston, d'une zone polluée et désertée de la population en un espace naturel assaini, où se développaient bassins d'entreprises et quartiers résidentiels. Réalisation urbanistique des plus remarquables, qui avait valu à la ville une certaine renommée. Un grand café à la main, je m'installai avec une tête un peu hirsute devant mon ordinateur. L'enjeu numéro un était de parvenir à savoir quoi dire. Il me fallut pour cela deux bonnes heures. Le second était de savoir l'exprimer. Cela prit également quelque temps. Autour de midi, je reçus un mail du professeur, me demandant de lui envoyer une vidéo avant le cours, ce qui serait plus simple que de jouer avec les connexions Internet hésitantes de l'université. Voilà qui compliquait ma tâche. Je passai ainsi un long moment à démêler mes cheveux, m'habiller d'autre chose que d'une polaire trop grande, avant de me placer devant la caméra de mon ordinateur.

Au bout de la cinquième ou sixième prise, je m'estimai satisfaite. J'envoyai.

Le temps de faire tout cela, maman était prête à partir. Notre voiture prit donc la direction du centre hospitalier pour aller voir mon père, à plus de deux heures de route.

Espérer un changement de temps

Ma mère m'expliqua la situation sur le trajet, brisant le tabou qui s'était installé depuis mon départ pour Boston. Mon père avait subi un traitement aux rayons il y avait de cela quelques semaines. Ces derniers, visant à traiter le cancer, avaient en réalité abîmé l'intestin grêle, qui s'affaissait et empêchait à présent la nourriture de passer. Mon père ne pouvait donc plus s'alimenter. Une prothèse de consolidation devait être mise en place prochainement. Il s'agissait de l'opération de la dernière chance, pour le sauver. Nous devions rencontrer le médecin pour en savoir plus en début d'après-midi.

L'arrivée en ville fut oppressante. La pluie avait gagné en vigueur et s'abattait à présent avec force. Le parking du centre hospitalier était plein.

J'étouffais. Il fallut partir nous garer à l'écart, à l'extérieur. L'ambiance lourde qui s'était emparée de nous ne semblait pas vouloir nous quitter, de même que la fatigue, qui s'abattait à mesure que nos manteaux se détrempaient. L'entrée dans le centre hospitalier ne fut pas plus agréable. Des odeurs se mêlaient dans les couloirs, rendant leur identification difficile. Peut-être une odeur de soupe chaude, de désinfectant hydroalcoolique, de peinture… l'odeur de la maladie, qui enveloppait chaque recoin de l'établissement. Le service où se trouvait mon père se situait au vingt-troisième étage, juste au-dessus de celui de dermatologie et au-dessous de celui de pneumologie. Un monde de dureté, de bataille, de souffrance, de vie et de mort, s'étendait ici et son empreinte particulière était parfaitement perceptible. J'entrais dans ce monde à part, où la vie, cette fois, s'arrêtait.

Au vingt-troisième étage régnait le silence. Il s'agissait du service de soins intensifs d'oncologie. Par les portes entrouvertes, j'aperçus des corps allongés, souvent âgés. Quelquefois, un malade laissait dépasser un membre, aminci, livide. Le silence n'était pas neutre. Il criait au contraire, il hurlait de désespoir, de fatigue, de combat durement mené, d'abandon aussi, parfois. Le silence était celui de la vie qui s'épuise. Même l'éclairage était pâle, les coins de pièce obscurs. Tout ici sombrait et donnait envie de fuir.

Mon père se trouvait au bout du couloir. Le temps d'y arriver, ma gorge s'était nouée, mon esprit se sentait oppressé, mes tempes tiraient. Ma mère me poussait en avant. Je crois sincèrement que ce souvenir est l'un des plus difficiles de ma vie. Je voulais tant fuir. Je retenais ma respiration, sentant déjà mes larmes venir, je me forçais, de toute l'énergie que j'avais, à sourire, à contenir le flot d'émotions qui montait. Et j'entrai. Mon père, lui, eut un sourire non feint. Il était assis, un drap blanc posé sur lui, bien à plat, arrêté à mi-ventre. Il avait dû perdre la moitié de son poids. Son ventre, étonnamment, était rebondi. Il s'agissait en réalité d'eau, d'un épanchement dû à la brûlure des rayons et qui impliquait une ponction régulière, à l'aide d'une aiguille large et longue, dont la vue faisait frémir et que mon père avait appris à détester, surtout quand les internes, plus malhabiles, s'exerçaient à l'enfoncer sur sa personne. Mais la vue de sa fille, en cet instant présent, parut lui faire oublier sa souffrance. Son visage s'illumina.

Je m'avançai vers lui et ne sus, l'espace d'un instant, comment l'étreindre. Il était si fragile. Ce fut finalement lui qui ouvrit les bras, je m'y blottis. Il posa sa main sur le haut de ma tête et je sentis la chaleur qui en émanait. La chaleur de mon père vivant, de mon père qui, encore, se battait et vivait. Cela suffit à me donner la conviction qu'il vivrait, qu'il était, encore et toujours, immortel. Je restai autant que je le pus ainsi, courbée, blottie, rassemblant les pièces de mon univers, me convainquant que tout irait bien. Mais je ne pouvais trop m'appuyer sur lui, son ventre paraissait douloureux, ses membres avaient perdu la vigueur qui caractérisait l'homme des champs qu'il était. Et mon dos commençait à protester contre cette position originale. J'avais le sentiment d'être dans les bras d'une poupée de porcelaine, d'un corps qui pourrait casser à tout moment, d'être dans les bras d'un père contre lequel je ne pouvais pas, pour la première fois de ma vie, m'abandonner complètement. Je me redressai donc. Il prit la parole :

« Je ne voulais pas que tu rentres.

— Oh, tu sais, à un mois près… Et la maison commençait à me manquer. Tu sais que tu manques à Popo ?

— Il me reverra bientôt, je l'emmènerai à la chasse, ce vieux chien. Je devrais rentrer demain ou après-demain, non ? »

Il adressa un regard inquisiteur à sa femme, soulignant par là même que la réponse ne pouvait qu'être oui. Malheureusement, elle serait non.

Ma mère et moi nous éclipsâmes pour rencontrer le médecin. Celui-ci était pressé et ne pouvait de ce fait nous accueillir dans son bureau. Il s'attarda néanmoins dans le couloir quelques instants afin de répondre à nos questions. Je me souviendrai longtemps de la lumière jaunie qui émanait des néons halogènes suspendus au plafond, des murs blancs, plastifiés, un peu rayés, du sol uniforme, en lino blanc, d'où émergeaient quelques fantaisies en pointillés noirs. Rien ne semblait vraiment normal ici. Le médecin nous expliqua dans ce couloir que le seul espoir du « monsieur » était la pose d'une prothèse métallique, qui consoliderait l'intestin. L'espoir était cependant mince, le cancer avait certainement dû prendre de l'ampleur, pour que l'intestin soit dans un tel état. Ma mère prit alors la parole. Elle s'était renseignée, il était tout à fait probable que l'intervention puisse le sauver, les symptômes ne correspondant nullement à ceux d'un cancer généralisé. Il adopta une mine désolée, mais écouta cependant peu, sûr de ses propres pensées. Ces femmes qui ne veulent pas regarder la réalité en face, il en voyait plusieurs fois par jour, à tel point qu'il y était devenu sourd. Il répondit seulement qu'il était illusoire d'espérer un miracle, qu'il fallait être réaliste, même si l'équipe soignante s'était elle aussi attachée à la personnalité généreuse et courageuse de leur patient. Ces mots réconfortants prononcés, il s'excusa et repartit à l'autre bout du couloir.

Je regardais mes pieds, ne voulant pas montrer aux passants, ni à ma mère, les larmes qui s'accumulaient malgré moi dans mes yeux. Ma douleur était trop intense pour supporter d'être partagée. Pour moi, cette brève discussion était un choc. Le médecin venait en quelques mots de contredire la douce chaleur des mains de mon père, la détermination de son regard, la présence même de sa personne au-delà de son corps penché vers la mort. Comment pouvait-on livrer ainsi à la fatalité un homme qui s'attachait si fort à la vie ? Le sentiment de vertige était immense.

Nous revenions sur nos pas choquées, amoindries par cette annonce de couloir. L'homme aimé était en soins. Nous patientions dans le silence le plus total. Lorsque la porte s'ouvrit finalement, mon père nous accueillit avec un sourire doux et me présenta fièrement aux infirmières. Dans sa simple phrase, « je vous présente ma fille », se condensaient un bonheur, une adoration, qui dépassaient de loin le sens premier des mots. Je sentais dans cette phrase l'omniprésence de l'amour paternel unique et inconditionnel dont j'avais toute ma vie bénéficié et j'en appréciais soudainement le caractère fini. Un jour, il me quitterait. Ma gorge se serra. Je n'y étais pas prête. Ma mère ne semblait pas plus à l'aise. On s'éclipsa vite, l'embrassant toutes deux, promettant de revenir dans deux jours et ajoutant au son de ses protestations que, bien évidemment, il serait peut-être rentré entre-temps.

On se dirigea vers l'ascenseur avec un peu de culpabilité, de nous délivrer si vite de cet enfer alors que notre malade, lui, y demeurait enfermé. L'appareil entama sa longue descente d'étages. Régnait en son sein un silence absolu. J'aurais aimé me libérer du poids qui venait de s'abattre sur moi, en gémissant, en pleurant, en criant, en frappant au besoin. Une rage vrombissait en moi. Mais rien ne venait. Je me trouvais dans un état de torpeur intense, qui serait amené à perdurer. Au niveau du douzième, l'appareil s'arrêta, nous sortant de notre isolement. Il s'ouvrit sur une femme et un enfant, d'à peine dix ans. L'enfant hurlait, en larmes, un « papa » long et désespéré, qui me fit comprendre que mon malheur soudain avait quelque chose, certes, de monstrueux, mais aussi de récurrent et que s'il m'était intolérable, s'il était anormal que mon père doive mourir à l'âge de cinquante ans et m'abandonner à l'âge de vingt-deux ans, c'était, pour cet enfant, encore plus abominable. Quel chaos la vie était, en cet instant...

Le retour chez nous se déroula comme à l'aller, sous la pluie. Mais la nuit était tombée à présent. Je songeais aux années passées, à ces trajets entre l'hôpital et la maison, que mon père avait faits d'innombrables fois, chaque semaine, pour revenir de ses chimiothérapies. Les soirs de chimio se ressemblaient tous. À la descente de l'ambulance, il partait se coucher, vomissait plusieurs fois, suait à grosses gouttes. Une odeur âcre, celle du produit, imprégnait la chambre. Nous dînions avec maman, tentant de trouver des sujets de discussion capables de réchauffer l'atmosphère, tandis que papa nous rejoignait souvent tant bien que mal à la fin du repas, pour tenter de grignoter un gâteau. Ma mission avait toujours été la même pendant quatre ans : faire comme si de rien n'était, ne pas paraître affectée par la douleur de celui que j'aimais par-dessus tout, rire, faire sourire, parler de tout et de rien, mais surtout pas de maladie. Être forte, pour l'aider à l'être lui aussi, malgré tout. Malgré la chimio qu'il détestait, malgré la douleur et la peur, avec lesquelles il cohabitait, de manière croissante au fil des mois.

Un soir, en particulier, me revenait en mémoire. Papa s'était mis à parler de son après-midi à l'hôpital. C'était un fait rare. Des personnes étaient venues faire quelques tours de magie, déguisées, dans la salle de soin où se retrouvaient les malades autour de leur perfusion de produit. Elles avaient offert à chaque patient une rose, rose que papa s'empressa d'offrir à ma mère lorsqu'il rentra à la maison. J'avais, ce soir-là, été très surprise. J'aurais pensé mon père au-dessus de ces tours pour enfant, au-dessus de cette rose, symbole un peu surfait de vie. Mais il avait beaucoup apprécié. Le rituel des soins avait reçu une touche d'attention extérieure, une certaine reconnaissance finalement, de la part de personnes étrangères à la maladie. Sortir la chimio de la réclusion, ouvrir ses portes au rire, était, tout compte fait, une bonne idée. Même si nous étions, nous, incapables d'en faire autant à la maison.

Nous avions porté ces dernières années, chacun à notre manière, dignement, la maladie. Mon père en parlait très peu, se plaignait rarement. Mais cette pudeur naturelle nous incitait justement, maman et moi, à une attention continue, afin de détecter tout besoin non dit. En quatre ans, cette veille permanente était devenue une habitude. Maman avait eu une réaction semblable à celle de son mari : à l'extérieur, elle se refusait à parler du drame familial qu'elle vivait et rabrouait toute tentative de sollicitude des personnes qu'elle était amenée à croiser au travail ou au supermarché. De mon côté, je me refusais à mesurer l'ampleur du choc qui m'était porté au travers de mon père, et ne pouvais donc naturellement assumer d'exprimer oralement la moindre idée relative à cet état de fait. Une sorte de tabou de la maladie s'était donc subrepticement emparé du quotidien du foyer et nous avait progressivement incités à nous éloigner du reste du monde, pour éviter d'avoir à en parler, pour éviter d'avoir à partager un repas sans savoir jusqu'où, pour mon père, il irait. Nous vivions entre nous, et moi je vivais aussi « à côté », à l'école, avec mes amis. À présent, savoir si je serais toujours capable de trouver une échappatoire, ou de renouer avec la joie de mes vingt ans, était une tout autre question.

Préparer les jours meilleurs

En attendant, la ferme ne me laissait pas de répit. À peine revenue de l'hôpital, je chaussai mes bottes et filai sous le hangar afin d'y donner le foin aux animaux et de recharger les litières en paille. Il ne restait que quelques ballots. Mon père n'avait pas eu la force d'en récolter pendant la période estivale. La fenaison, de fait, suppose de couper l'herbe haute, de la retourner plusieurs fois avant de la presser en ballots et de transporter le tout jusqu'à la ferme, absolument avant la pluie. Elle a souvent lieu alors que les veaux naissent, que les animaux doivent être mis au champ ou encore, si l'on est en retard, lorsque le blé doit être récolté. Si le procédé est mécanisé depuis les années 1960 au sein des exploitations françaises, mon père, affaibli par sa maladie, supportant mal les secousses du tracteur, avait privilégié les autres activités cette année-là, et donc abandonné le projet de remplir les granges pour l'hiver. Je songeai, tandis que je déposais quelques fourches de l'aliment dans les auges, qu'il faudrait en acheter.

Une fois le foin distribué, restait la paille des litières à renouveler. Mon père, lui, saisissait chaque ballot à l'aide du tracteur pour le déposer à l'endroit où logeaient les animaux, mais ça, c'était hors de ma portée. Je fis ce soir-là une centaine d'allers-retours, fourche en main, déposant la paille de façon artisanale sur les litières, la transportant à grosses fourches de l'endroit où elle était stockée jusqu'aux stabulations.

Cette corvée de paillage me permit au passage de faire le tour des installations, afin de vérifier que les animaux se portaient bien. Chaque bâtiment de la ferme dispose d'un long toit protégeant leurs couches. Les abris sont ouverts à l'ouest, laissant la lumière naturelle y entrer avec douceur. Les auges non utilisées attendent, stockées au bout du bâtiment. Je remarquai que les cases vides avaient été nettoyées, sans doute dans un dernier effort de mon père entre deux séjours à l'hôpital. Cela permettrait de rentrer plus facilement les animaux des prés, car, pour les installer, il n'y aurait plus que quelques barrières à poser et les fameuses auges à rapprocher.

Une fois ma tâche terminée, je m'arrêtai un instant, posant ma fourche contre un mur. Prenant une grande inspiration, je regardai autour de moi, me délectant du climat des lieux, d'un calme comme immuable, et des sons de respiration, de barrières qui s'entrechoquaient, de paille qui bruissait doucement... La vie de ces animaux suivait son cours. Mon père les avait tous fait naître, un à un. Il en avait pris soin. Il y avait, finalement, un peu de lui dans chacun d'eux. Et ils respiraient. D'une respiration tranquille, apaisée. La plupart étaient blottis paisiblement, tête contre tête, dos contre dos. Certains s'étaient néanmoins levés avec un œil intéressé en me voyant remplir les auges. Mais les quelques gourmands hésitaient à venir manger. Ils ne me connaissaient pas et se disaient de toute évidence qu'il était plus prudent d'attendre que je me sois éloignée avant de passer le cou au travers des barrières. Je n'avais cependant pas envie de partir. Je m'accrochais à leur calme comme on s'accroche à une bouée. Mon immobilité incita finalement un taurillon couleur caramel à faire un pas et à attraper quelques brins de foin dépassant de l'auge. Le goût sembla lui plaire. Il fit un pas supplémentaire et passa la tête dans le cornadis. Cependant, au lieu de manger, il avança son nez mouillé vers moi et me renifla. Je tendis doucement la main en retour et touchai le mufle de l'animal du bout des doigts. Celui-ci sursauta à mon contact et recula vivement. Dans sa hâte, il avait tout de même attrapé une grande bouchée de foin, que ses camarades tentèrent immédiatement de lui dérober. Je souris.

Je rentrai chez moi, presque apaisée.

Maman avait préparé le dîner. Je voyais, à l'application et à la pudeur qu'elle y mettait, à quel point retrouver sa fille durant ces soirées solitaires lui était doux, sans qu'elle ose l'exprimer. Mon retour était de toute évidence vécu comme un malheur, celui de me priver d'une expérience étudiante à l'étranger, mais surtout comme un bonheur, celui d'enfin me retrouver pour égayer la grisaille qui entourait leur existence à tous les deux.

Nous nous installâmes à table, le chien à nos pieds, et je commençai à raconter de nouveau mon voyage. Le froid vif de Boston, l'immensité du réfectoire de l'université, les cafés à volonté, la beauté farouche du Vermont, l'équilibre immense des rues new-yorkaises. Je parlai du jeune Suisse qui m'avait accompagnée à l'aéroport, de mes camarades espagnols qui étaient toujours en retard, de mon professeur de Harvard qui impressionnait par son humanité. Je décrivis la rivière Charles, qui coulait avec force et qu'une multitude de joggers cherchaient à rattraper. Maman m'écoutait, voyageant par procuration. Je magnifiai chaque moment, convainquant progressivement ma mère que mes mois à l'étranger en avaient valu mille et que sa fille était comblée. Je masquai la difficulté que j'avais eue à m'intégrer dans l'insouciance ambiante alors que je sentais ma famille en difficulté, je ne mentionnai pas non plus que j'avais annulé trois voyages aux alentours pour pouvoir rentrer. Je ne dis pas que je n'étais pas encore tout à fait sûre de ne pas avoir à redoubler mon année pour avoir ainsi écourté ma période scolaire à l'étranger.

Mon récit porta ses fruits : ma mère, progressivement, s'anima davantage, son visage perdant quelque peu de sa gravité. Après nos discussions enjouées, la soirée se termina devant un film, chocolats et petits gâteaux en main, plaid sur les genoux. Alors que le sommeil nous prenait doucement, nous avions déjà, du seul fait de nous être retrouvées, bien plus de forces que dans la matinée.

Mais je ne me dirigeai pas vers mon lit : je repris autour de minuit le chemin de Boston, ouvrant mon ordinateur pour écouter mes camarades de classe exposer le fruit de leur travail. J'avoue n'en garder que des souvenirs flous : il était difficile, ce soir-là, de ne pas somnoler.

Le lendemain, je commençai de nouveau ma journée par un grand café, alors que maman s'activait en cuisine avant de partir travailler. Je me laissai absorber par mes mails. Beaucoup concernaient ma vie à Boston. Si mes professeurs m'avaient laissée partir à condition de revenir sous peu, l'enjeu était maintenant d'avoir l'autorisation de rester. Mon prochain combat scolaire visait donc d'obtenir l'accord de mon école, afin que je puisse être diplômée tout en suivant l'intégralité de mes cours par Skype, ainsi que mes examens. Même avec le travail quotidien à la ferme, c'était possible. Le décalage horaire de six heures me permettrait d'assister aux cours et examens la nuit, et de travailler sur l'exploitation la journée. J'avais conscience de repousser mes limites, mais je le devais à mon père. J'envoyai quelques mails de demande, en faisant état de la situation complexe dans laquelle j'étais plongée, et chargeai deux de mes camarades présents sur place de continuer à me transmettre les documents distribués en classe.

Cela fait, je refermai mon ordinateur, posai ma tasse dans l'évier et m'en allai dehors avec Apollon.

Sous le hangar, tout allait aussi bien que la veille. Les taurillons s'étaient néanmoins levés et réclamaient à présent à manger. Si j'avais parfois accompagné mon père dans les champs, je n'avais jamais cherché à comprendre la manière dont il préparait ses rations. Cette fois, seule, la question s'imposait. Germain passerait le soir pour remplir les auges d'ensilage de maïs, mais je savais que ce n'était pas exactement ce qu'ils étaient habitués à manger. En tâchant de ne pas me poser trop de questions, je repoussai ce qui restait plus près des animaux. C'était trop peu à vrai dire, pas assez pour la journée. Mais quoi faire ?

Je ne pouvais m'empêcher de songer que tout aurait été plus simple si je m'étais résolument intéressée au métier de mon père, plutôt que d'accepter d'en être exclue. Car malgré ses vœux que je fasse de grandes études, que j'évite les tâches ingrates du métier d'agriculteur, je me retrouvais là, devant les taurillons du hangar, seule, et je ne savais pas comment faire. Je n'osai pas appeler mon père pour lui en parler, pour lui demander conseil. J'étais démunie, mais je devais continuer d'essayer.

Chapitre 4
Travailler avec la nature

Au-delà du mauvais temps, l'agriculteur doit faire face à la géographie adverse, faite de fossés, de pentes et d'autres défis à relever. La vie de ses cultures ne s'accorde pas nécessairement avec la vie sauvage, qui vient tantôt l'aider, tantôt la détruire. L'art de l'agriculteur est ainsi de composer une mélodie agronomique où la nature a toujours le dernier mot.

Admirer sa beauté

Les champs de l'exploitation sont disséminés en divers endroits, à trente kilomètres à la ronde. En temps normal, c'est au moins tous les deux jours qu'il faut visiter chaque pré, pour contrôler l'état des animaux, vérifier qu'aucun n'est en danger. Il était plus que temps d'en faire le tour.

Le premier champ où je me rendis était assez proche, à vingt minutes de voiture, du côté de Bellême. Il abritait les vaches accompagnées de jeunes veaux, ainsi que le taureau du troupeau. Entre toutes les terres de l'exploitation, il s'agissait du champ où je partageais le plus de souvenirs avec mon père. Je l'avais souvent accompagné au travers des collines de cette prairie, j'en avais arpenté chaque recoin avec lui, cherchant des mûres, des châtaignes ou des champignons, vérifiant l'état de santé des animaux, assistant à la naissance d'un veau, soignant une bête blessée... À chaque fois que mon père intervenait sur un animal, je restais dans la voiture ; mais ma mère était ravie qu'il y ait quelqu'un pour appeler les secours en cas d'accident, ce qu'elle redoutait systématiquement. J'avais donc un rôle sérieux, que j'assumais avec résolution, sans avoir jamais, fort heureusement, eu à l'activer. Ce champ avait aussi accueilli mes premières expériences – laborieuses – de conduite, avec la vieille Seat de ferme, qui patinait sur l'herbe humide. Là encore, d'ailleurs, mon père n'avait pas été très patient, estimant que « les démarrages en côte, cela va de soi, voyons ! » Alors que je m'y rendais ce matin-là, sous une pluie fine, j'avais une impression d'immense responsabilité : en attendant le retour de mon père, je me devais de veiller sur ce champ, les animaux qu'il abritait, en l'honneur, presque, des souvenirs.

Les animaux étaient là, au fond de la prairie, je les apercevais depuis la route. Je me garai dans un petit chemin, au bord du fossé, passai entre deux fils barbelés, et marchai tranquillement dans leur direction. Mon père comptait habituellement ses bêtes, pour vérifier que l'une d'entre elles ne se trouvait pas blottie, malade, au pied d'une haie ou sous un bosquet. Mais je ne connaissais pas leur nombre. J'envoyai un SMS à mon père, qui me répondit que lui non plus ne s'en souvenait plus. J'arpentai donc la lisière du pré, méticuleusement, inspectant les alentours afin de vérifier qu'aucun animal ne soit isolé. Ce travail me prit une longue heure, au terme de laquelle je constatai qu'a priori aucun bosquet ne cachait de malade effarouché. Je m'approchai alors du troupeau lui-même. Les vaches me regardaient d'un œil méfiant. Elles n'avaient pas l'habitude d'être inspectées par une inconnue.

Les jeunes veaux commençaient à souffrir du froid. Leur poil avait poussé, tant et si bien que beaucoup arboraient quelques bouclettes trempées. Sans être amaigris, ils n'étaient pas non plus très dodus. Ils me regardaient avec crainte : cela faisait longtemps qu'ils n'avaient pas vu un humain dans le champ, et ils considéraient cet événement avec défiance. Je ne le savais pas encore, mais cela augurait de belles difficultés pour la suite – car, bientôt, il faudrait les attraper pour les ramener au chaud. Les mères, elles, étaient tout à fait fringantes, mais également un peu intimidées. Elles me surveillaient de haut, alors que je regardais un à un leurs petits, commençant à trouver ma présence sérieusement dérangeante. Rassurée par l'état général des troupes, je me dirigeai enfin vers le taureau, qui s'était quelque peu isolé avec une vieille femelle, tout occupé qu'il était à la séduire.

Son nom était Aiguillon. Mon père l'avait fait naître à partir d'un embryon très coûteux. Le taureau était de belle taille et en chair, d'un grand calme et d'une gentillesse extrême. Papa parvenait à emmener son taureau de la voix où il le souhaitait. Le séparer du troupeau, le changer de pré, le faire monter dans la bétaillère… était un jeu d'enfant. Alors que les vaches restaient méfiantes, Aiguillon considérait d'ailleurs ma présence comme un fait négligeable et continuait à lécher avidement le cou de sa compagne du jour. Cette dernière se laissait faire avec une évidente délectation, abaissant sa lourde tête presque à terre pour faciliter sa besogne.

Je les laissai à leur intimité et rebroussai chemin. J'étais si soulagée de constater que dans ce champ, que j'affectionnais tant, tout allait bien. J'en oubliai de compter les animaux ! Ce qui me valut la fois suivante la même randonnée épuisante.

Je passai au retour dans un second champ, plus petit, abritant seulement quelques vieilles vaches. J'eus la surprise de constater que deux très jeunes veaux accompagnaient ces dernières. Ces deux-là, sans aucun doute, n'avaient pas encore vu d'humain : en me voyant, ils partirent affolés, les deux mères les suivant la tête haute dans leur émoi. Je ne cherchai donc pas trop à m'approcher. Papa m'avait fait remarquer qu'il était préférable, plutôt que de venir aux animaux, de les laisser venir à soi. Un jour, ils finiraient par avoir moins peur de moi. Pour le moment, il était l'heure de déjeuner.

Retrouver maman était un temps d'apaisement. Nous étions tous devenus un cercle de résistance. Depuis quatre ans, la maladie nous avait rapprochés. Celle-ci avait orienté chaque acte de notre famille, sans que nous nous en soyons véritablement rendu compte. Les repas étaient tous longuement réfléchis, chimiothérapie et cancer rendant insupportables légumes crus, produits laitiers, viandes grasses, poissons achetés depuis plus de deux jours, fruits à coque… L'attention était sans cesse portée vers le bien-être de l'estomac, la fréquence des séjours à la selle, les heures au lit après la chimiothérapie.

Ce jour-là, s'installer à table sans se préoccuper de savoir si le plat allait être bien digéré faisait donc tout drôle, car tous ces moments passés ressurgissaient en ombres. Et cela ne faisait que renforcer l'incongrue absence de notre élément fédérateur, sans qu'aucune de nous deux ose le souligner. Un élément de continuité perdurait néanmoins : nous feignions la bonne humeur et l'entrain. Si nous étions passées maîtres dans l'art de cette comédie depuis quelques années, c'était à présent pour notre réconfort mutuel que nous masquions notre peine. Apollon, seul, paraissait encore une fois sincèrement enjoué de sa situation.

À la fin du repas, ma mère appela mon père et me le passa. Je lui annonçai la bonne nouvelle du troupeau pour le moment en pleine forme. Je repartis ensuite rapidement vers les autres champs.

La pluie continuait de tomber, détrempant la cour de la ferme, qui ressemblait de plus en plus à un champ de boue. Tout, en réalité, paraissait à présent détrempé. Les champs, les chemins, les arbres, les bottes, mes cheveux. Je fis démarrer la voiture. Cette voiture, parmi tant d'autres choses, m'évoquait mon père. La vieille Seat Ibiza de vingt et quelques années, toute cabossée, avec laquelle j'avais certes réalisé mes premiers démarrages en côte, mais avec laquelle j'avais également sillonné tant de petites routes avec mon père, dans laquelle je l'avais attendu tant de fois durant la moisson… Cette voiture que les vaches connaissaient si bien que, quand elles en entendaient le moteur, elles couraient à travers champs dans sa direction. Cette voiture dont la portière servait régulièrement de bouclier lorsqu'il fallait soigner un nouveau-né ou lui poser les boucles d'identification, alors que sa mère, furieuse, fonçait sur ce qu'elle voyait bouger autour de son bébé. Tout dans cette voiture, du siège conducteur aux bosses sur les côtés, témoignait de l'âme qui l'habitait. Elle respirait mon père.

Je m'en allai cette fois vers le champ le plus lointain de la ferme. Une bonne trentaine de kilomètres nous séparaient. Il hébergeait des génisses, ayant entre huit et seize mois. Ce champ était très isolé, car on n'y accédait qu'à travers bois et il se situait à proximité d'un petit village de quatre-vingts habitants, Montgaudry, dans une cuvette entourée d'arbres. Le lieu drainait l'eau des environs, ce qui me promettait une visite les pieds dans la boue. Rien, cependant, ne m'avait préparée au spectacle qui m'attendait.

Dépasser les fossés mortels

Le champ de Montgaudry était – et est toujours – très discret. On y accédait par un petit sentier s'immisçant dans une forêt de grands arbres droits. L'allée de goudron se transformait rapidement en chemin de terre, et s'ouvrait sur une large prairie de trente hectares, qu'il divisait en deux parts. À gauche se trouvait la partie la plus saine de la prairie. De fait, une mare y drainait l'eau, ce qui asséchait considérablement le terrain. La vue y était dégagée et papa y avait installé le parc d'embarquement du champ, par lequel transitaient les animaux lors de la mise à l'herbe et lors de la rentrée à l'étable. À droite, à l'inverse, l'eau des environs avait tendance à s'accumuler, sans compter les sources qui trouvaient leur origine en deux endroits de la prairie. De nombreux arbres contribuaient à consolider le terrain, mais les bêtes déambulaient la majeure partie de l'année dans une pâture boueuse à souhait. Ce décor humide n'était pas dénué de beauté. Une beauté sauvage, qui ne s'ouvrait pas au premier venu.

La communication entre les deux parties du champ, de la partie saine à la partie humide, s'effectuait alors au travers d'un étroit passage, creusé au fil des années. Lorsque je voulus l'emprunter, je me rendis compte que celui-ci était devenu impraticable : l'eau s'y était tant accumulée, et les pieds des bovins l'avaient tellement labouré, qu'on s'y enfonçait à présent à mi-cuisse. Évitant le passage condamné, je me glissai donc entre deux barbelés et me mis en quête du troupeau.

Or ce n'était plus un troupeau ! Il avait été remplacé par une multitude d'îlots d'animaux isolés, encerclés d'arbres et de trous d'eau. La pluie était tellement tombée aux alentours, depuis des semaines, que le champ s'était transformé en véritable marécage. Les jeunes bêtes n'étaient pas faites pour ce type d'environnement et ne pouvaient plus y circuler convenablement pour trouver leur pâture. Elles épuisaient donc quelques surfaces encore sèches, entourées de fossés qu'elles ne pouvaient plus traverser, s'amaigrissant de toute évidence depuis plusieurs jours. En me voyant arriver, elles se mirent à meugler avec détresse, leurs appels se propageant à mesure qu'elles comprenaient qu'un humain venait à leur secours. Cet humain ne pouvait cependant rien faire en l'état. Sans même prendre la peine de passer voir chaque animal, je rebroussai chemin et repris ma voiture.

Ma fidèle angoisse me prenait de nouveau au ventre. Comment procéder, seule, face à tout cela ? Qu'allait penser mon père ? Allait-il s'en vouloir de laisser ses animaux ainsi ? Allait-il s'inquiéter ? Je ne voulais pas ajouter cette situation au fardeau pesant déjà sur ses épaules. La première chose à faire était de rapatrier l'ensemble des génisses dans la partie saine du pré. Mais je ne pouvais pas y parvenir sans nourriture pour les attirer. Je roulai donc le plus rapidement possible sur la route tortueuse qui me ramenait à la ferme, afin de revenir avec des seaux de friandises.

La gourmandise fait partie intégrante de la vie des vaches. Elle les mène jusqu'aux confins des prés en quête de la meilleure herbe. Elle les incite à se tordre le cou pour atteindre l'herbe du fossé, entre deux barbelés. Elle leur ordonne de nous suivre quand on les appelle, un seau à la main. Elle les pousse à se battre l'hiver pour déterminer qui atteindra l'auge la première. Elle nous permet également, à nous humains, d'éduquer nos bovins. C'est ainsi grâce à leur gourmandise que nous les faisons venir à nous été comme hiver lorsque nous souhaitons les attraper : quelques sacs de grains, un seau de blé… et le tour est joué ! C'est encore elle qui me permit ce jour-là de trouver une solution.

Arrivée sur l'exploitation, je choisis du maïs, mis sous vide en silo à la ferme. Une quinzaine de seaux accumulés dans le coffre de la voiture, je ne perdis pas une seconde et fis demi-tour. La panique me prenait un peu. Dans les faits, même si la situation était grave, une demi-heure ne changeait rien au problème. Mon absence de maîtrise était en revanche un facteur aggravant indéniable.

La pluie tombait sans discontinuer. Elle avait même tendance à s'accroître. La nuit tomberait tôt ce soir-là. De retour dans le champ, je saisis deux seaux bien remplis avant de me diriger vers un coin du pré où j'avais aperçu quatre génisses isolées. Les herbes folles me mouillaient les cuisses, alors que j'avançais péniblement en évitant les trous d'eau. Je fus bientôt aussi trempée que les bêtes que je venais aider. Lorsqu'elles me virent arriver, elles levèrent leur petite tête juvénile et me regardèrent, les oreilles en avant, intéressées. Comprenant rapidement l'aubaine, elles s'approchèrent du fossé qui les séparait du reste du champ. Je m'appuyai à un vieil arbre et, marchant sur ses racines émergées, les rejoignis. La plus téméraire s'avança, le nez en avant, humant les seaux afin d'estimer leur intérêt. L'ensilage était, parmi les vivres se trouvant à la ferme, l'aliment sentant le plus fort et la jeune bête ne tarda pas à détecter sa présence. Elle accéléra alors le pas et, sans attendre, commença à dévorer le contenu du seau. Faisant pression de son large nez vers le bas, elle ne me laissa pas d'autre choix que de le poser là, à ses pieds. Les trois autres, sentant l'affaire, s'avancèrent à leur tour, n'osant bousculer leur camarade de peur des représailles, mais se montrant clairement intriguées par la marchandise. Je déposai donc un peu de nourriture à terre, afin que chacune puisse y goûter. L'appât fonctionna à merveille. Je repris mes seaux et entrepris de traverser le fossé dans l'autre sens, tout en parlant aux quatre naufragées, comme j'avais vu mon père tant de fois faire : « Vous venez ? Allez, tu viens ? Viens ! Venez, les filles. » Les génisses me regardèrent avec désespoir m'en aller. Je répétai mon invitation, insistant doucement de la voix.

Finalement, celle qui, déjà, s'était montrée la plus téméraire, s'avança. Elle posa un pied dans le bourbier, s'enfonçant immédiatement jusqu'aux genoux. Elle s'immobilisa, ne sachant de toute évidence que choisir, entre son îlot sec et le seau. Je m'empressai de finir de traverser et, depuis l'autre rive, tendis le plus loin que je pus mon appât vers la génisse. Celle-ci allongea le cou et réussit à happer quelques miettes de nourriture. Ce fut assez pour la motiver, et en deux grands bonds, elle franchit lourdement le bourbier. Je lui abandonnai le seau en récompense et, saisissant le deuxième, appelai les trois autres. Ces dernières étaient plus frileuses et, groupées les unes contre les autres, formaient un bloc incertain. La chance m'aida finalement à les faire traverser. À force de se rapprocher, la plus frêle d'entre elles se fit bousculer, se retrouvant les deux pieds dans le fossé. Ainsi enlisée, l'effort était pour elle le même de reculer ou d'avancer. Elle passa donc de l'autre côté, et fut suivie de ses compagnes, qui ne voulaient pas voir leur maigre troupeau partir sans elles. Le plus dur, cependant, n'était pas fait.

Je n'osais pas les laisser là pour le soir : tous mes efforts se retrouveraient vains si je les abandonnais maintenant et que les génisses retournaient sur leur îlot. Il me fallait les emmener sans tarder dans la partie la plus sûre du pré. Récupérant mes seaux à moitié vides, je rebroussai chemin, les quatre génisses sur les talons. Elles suivirent docilement, jusqu'au fossé principal marquant la démarcation entre les deux champs. Elles connaissaient ce fossé et savaient que l'effort serait important pour le traverser. Elles étaient fatiguées. Or, je ne le savais pas encore, mais les vaches ont une connaissance de leurs forces bien meilleure que celle qu'ont les humains des leurs. Elles savent quand il s'agit de se battre, car elles ont des chances de parvenir à leurs fins, et quand il faut abandonner. Trois des génisses acceptèrent de traverser. La quatrième, la plus petite et la plus fatiguée, s'y refusa, malgré mon insistance. La nuit était tombée depuis déjà plus d'une heure quand je me résolus à abandonner. J'allai donc chercher deux seaux pleins de nourriture dans la voiture et les laissai à la malheureuse. Peut-être que le lendemain, avec plus de force, cette dernière accepterait de traverser…

Cependant, les jours se succédaient sans que je puisse parvenir à faire passer la petite génisse. Chaque matin, je partais en direction du champ et ramenais péniblement, deux à deux, ou trois à trois, les quarante-sept animaux qui peuplaient la prairie. Mais, chaque jour, la petite s'y refusait. On arrivait à la fin octobre. La pluie ne discontinuait pas, et peu à peu, le fossé se dégradait encore davantage.

Un après-midi, je parvins finalement à rassembler l'ensemble des pauvres génisses et à les faire passer, bon gré mal gré, du côté sûr du pré. Toutes sauf une. La petite dernière ne s'était pas beaucoup requinquée depuis le premier jour. Je lui avais pourtant apporté plusieurs seaux de nourriture, de l'eau et quantité de foin. Je l'avais laissée se reposer, mais les forces ne semblaient pas lui revenir. Il devait y avoir autre chose. Je contemplais toutefois le troupeau broutant allègrement dans la partie saine de la prairie et me sentais heureuse et fière de cette réalisation. À présent, il y avait moins lieu de s'inquiéter. Je téléphonai à mon père pour lui annoncer la bonne nouvelle, convaincue que tout cela le réjouirait. Il me félicita, mais le cœur n'y était pas. Je le questionnai, soudain angoissée :

« Que se passe-t-il ?

— Ça fait bizarre, répondit-il, on m'a annoncé, là, comme ça, que j'allais mourir.

— C'est n'importe quoi, lui répondis-je, on t'avait déjà dit ça il y a quatre ans et tu es toujours là !

— Oui, bon, on verra», et il raccrocha.

Pour la première fois, alors que je reposais mon téléphone, je me dis qu'il serait bon que la vie me laissât un peu de répit.

Supporter les destins amers

L'intervention chirurgicale de mon père allait avoir lieu d'urgence. L'intestin s'affaissait tant que papa ne pouvait plus du tout s'alimenter, même par le moyen d'une sonde gastrique. Survivant grâce à une injection de glucose, il s'affaiblissait de jour en jour. Si l'opération échouait, il mourrait en quelques jours. Si elle réussissait, on lui promettait de tenir quelques semaines, quelques mois. J'avais vraiment très peur et rien ne m'aidait à me rassurer.

Mon père rentra à la maison avant l'intervention, notamment pour me montrer un certain nombre de choses qui étaient devenues essentielles à la mission de sauvegarde de l'exploitation que je m'étais fixée. En quelques minutes, pour préserver son énergie si précieuse, mon père grimpa sur le tracteur avec moi et m'en montra le fonctionnement. Il m'expliqua ensuite comment mettre en route le broyeur à blé, qui permettait de nourrir les taurillons. Ce blé était produit sur la ferme, mais était de qualité insuffisante pour la consommation humaine. Alors, plutôt que de le vendre au rabais, nous le donnions aux animaux.

La haute cellule de stockage était presque vide. Il fallait pelleter pour récupérer les grains sur les côtés. Je m'exécutai, mais mes bras furent très rapidement douloureux à souhait. Je persévérai, mais plus le temps défilait, à pelleter mécaniquement le blé pour qu'il passe dans le broyeur, plus j'étouffais, là, dans la cellule, enfermée dans la poussière. La citadine que j'étais se demandait si elle aurait vraiment la force de continuer à faire tout cela, tandis que cette haute cellule sombre, étroite, étouffante, ressemblait de plus en plus à ma vie qui s'étriquait. Lorsqu'enfin mon père arrêta le broyeur et vint me dire de sortir, je ne tins plus et je m'effondrai en larmes, lâchant là toute la fatigue qui m'habitait. Mon père me lança un regard triste, mais je crois qu'il n'avait même plus la force de me prendre dans ses bras. Alors que je versais aux taurillons le blé broyé, il repartit, avec ses deux béquilles, se coucher. J'avais honte de moi, d'avoir ainsi pleuré. Mais je crois que c'était aussi une tentative désespérée de voir mon père, une dernière fois, me consoler.

Ma reprise de la ferme ne relevait pas d'un accord réfléchi avec mon père, ni d'une volonté commune. Il avait toujours été clair pour nous deux qu'agricultrice ne serait pas mon métier. C'était toujours le cas. Nous étions, chacun, dans une myopie totale, focalisés sur le présent, sans réfléchir véritablement à demain, un demain sans lui, qui était tout bonnement inenvisageable. Si je reprenais les rênes en son absence, papa n'en tirait ainsi aucune fierté, mais plutôt une aigreur. Aigreur de me voir travailler, assumer les tâches qui lui revenaient et que jamais il n'avait souhaitées pour moi. Aigreur aussi, un peu plus tard, de me voir prendre des décisions sans lui, parce qu'il n'était plus en mesure de le faire. Mon engagement dans le métier d'agricultrice était à la fois un non-souhait et la démonstration de son incapacité à assumer ses responsabilités, même si bien sûr il n'aurait jamais dû s'en blâmer. Rien de tout cela ne relevait donc du choix heureux, mais plutôt d'une impérieuse nécessité, alors que sa vie reposait sur le succès d'une intervention, d'une prothèse à poser.

Le jour de l'intervention fut insoutenable pour moi. Luttant contre le sentiment d'impuissance comme je pouvais, je filai immédiatement après avoir nourri les animaux et déjeuné au pied de la basilique toute proche. Cette basilique n'est pas ancienne, elle a juste un peu plus de cent ans. Elle se dresse au milieu de la campagne, fièrement, magnifiquement. Elle est en permanence ouverte et j'en connais bien le chœur, tout de bois, où se dresse une Vierge Marie resplendissante, prête à intercéder auprès du Père pour le pardon des pénitents. Alors que l'intervention commençait, je m'agenouillai au pied de cette Vierge, priant de toutes mes forces. Encore une fois, les larmes me vinrent, libérant mon épuisement. Je pleurais, inarrêtable, aux pieds de Marie surplombante. Je restai ainsi deux heures, à supplier, ouvrant mon cœur à toute divinité prête à m'entendre et à prendre pitié de nous, de cette famille souhaitant s'aimer encore un peu de temps sur cette terre. Je mis dans cette prière tout ce qu'il me restait d'espoir pour un miracle, une échappée heureuse à cette histoire qui prenait un tour de cauchemar. Personne ne vint me déranger. Certes, des prêtres passaient, mais ils savaient certainement respecter le recueillement des fidèles implorants. Si ma mère m'avait appris très tôt à prier, je n'avais jamais été particulièrement pratiquante, mais je croyais en un dieu, en un quelque chose, qui nous surplombe, où le bien et le mal s'opposent. Je copiais en cela mon père, qui n'allait jamais à une quelconque messe et restait très secret sur sa véritable croyance en une divinité.

Après un certain temps, tarie de larmes et d'invocations, n'observant aucune réponse depuis l'autel devant lequel j'étais agenouillée, je regardai anxieusement mon téléphone. Aucune nouvelle ne me parvenait de l'opération. Elle devait pourtant être terminée. Ma tête bourdonnait. Me redressant, les genoux endoloris, je sortis et appelai ma mère. Aucune réponse. J'hésitai. Il était pourtant temps pour moi de quitter l'église, car la ferme me rappelait à elle. Du maïs restait dans le coffre de ma voiture, je devais l'apporter à la génisse de Montgaudry avant la tombée de la nuit. Regardant une dernière fois l'autel derrière moi, espérant avoir fait tout ce que je pouvais, je repris la route. Depuis ce jour-là, je n'ai plus prié.

La génisse était toujours isolée à mon arrivée, couchée contre une haie, recroquevillée sous la pluie. Elle dormait. Je tentai de la réveiller. Elle me regarda, me reconnaissant sous ses longs cils bruns. Je m'agitai pour la faire lever et l'animal m'obéit de mauvaise grâce. La génisse avait un air las, la terre accrochée aux poils de sa queue, de ses pattes, de son ventre, comme à un manteau élimé. Elle comprenait ce que je voulais, mais avait décidé, ou savait, qu'elle n'en serait pas capable. Cela faisait presque deux semaines que je la poussais à s'aventurer dans le fossé. Alors elle finit par céder. La jeune bête se dirigea vers lui, résistant à peine. Après une ultime hésitation, elle entra dans la boue. Elle fit deux pas, décollant ses pieds de la glaise avec peine. Une fois au milieu du fossé, avancer devint plus difficile et elle s'arrêta subitement, jugeant à présent l'effort au-dessus de ses forces. J'entrai derrière elle et m'agitai tant que je pus pour la faire avancer, car plus elle restait immobile, plus elle s'enfonçait. Mais rien n'y faisait. Chaque seconde rendait l'effort plus difficile. Je désespérais. Mon désarroi augmenta davantage lorsque la pauvre bête, estimant son moment venu, se coucha là, au milieu de la glaise, et ne dépassa bientôt plus que du haut du dos et du cou. Reculant pour ne pas m'enfoncer moi-même, laissant de peu mes bottes dans la terre, j'étais désemparée. Je courus à la maison voisine en quête d'une corde pour tirer l'animal. Ses occupants me virent arriver haletante. Ils n'avaient rien de tel, mais un agriculteur pas très loin devait avoir ce qu'il fallait. Ils l'appelèrent.

J'attendis. La pauvre bête, la tête baissée et les yeux à moitié clos, attendait également, que son heure arrive. Chaque seconde se faisait oppressante. Afin de faciliter l'accès du tracteur, je défis les fils qui délimitaient le pré. L'air était froid, un froid perçant et humide, qui s'infiltrait sous les vêtements. Enlevant un à un les fils de fer de leurs poteaux, je constatai que les autres génisses étaient insensibles au sort de leur camarade. Elles étaient occupées à brouter, s'activant à rattraper des semaines de disette. Le passage du tracteur facilité, je partis les voir, trouvant toute occupation bonne pour combler l'attente. Je commençais à connaître chacune d'elles. Une petite, blanche et brune, les cornes fines et recourbées sur elles-mêmes, faisait partie de mes préférées. Elle se laissait approcher avec joie, espérant systématiquement que je lui prodigue quelques caresses en passant ou que je lui gratte le dos. Le paysage était magnifique. Tout était silencieux, comme suspendu. Je m'assis dans l'herbe humide, les bras autour des genoux, mon regard partant progressivement dans le vide. J'avais envie de m'évader là, de ne plus revenir. Le museau d'une génisse sur mon épaule me rappela à la réalité. Me retournant, je découvris ma petite favorite. Elle venait mendier quelques caresses.

Je me relevai et m'exécutai. Elle se mit à se dandiner sous ma main, le cou abaissé, la tête presque à terre, afin de mieux se prêter à ce massage bienvenu. Je souris, presque amusée.

Le tracteur arriva quelques minutes plus tard. L'agriculteur semblait proche de la retraite. La main rêche, la peau basanée par le temps, il me regarda avec embarras : « Votre bête s'est mise dans de beaux draps ! » Je n'osai pas lui dire qu'en réalité c'était de ma faute. Les alentours du fossé étaient très humides. L'engin ne pouvait trop s'en approcher sans risquer de s'enliser également. Je mis bout à bout les deux cordes fournies par l'agriculteur et entrai dans le fossé. L'eau dépassa rapidement la hauteur de mes bottes, et je dus m'accrocher aux branchages des arbres jouxtant le passage pour ne pas tomber. Atteignant enfin la génisse, j'entourai la corde autour de son poitrail et reculai doucement. L'agriculteur attacha solidement la corde à son tracteur et commença progressivement une marche arrière. Le lien se tendit, craquant sous le poids de sa charge. La génisse semblait désespérée que l'on vienne troubler ainsi son repos morbide. Elle écarquilla ses yeux, révélant leur large blanc. Pourtant, la traction faisait son effet. Progressivement, elle se dégageait du fossé. La pauvre bête laissait son long corps inerte se faire traîner, acceptant passivement son sort, sans chercher à se dégager du lien qui l'enserrait. L'agriculteur recula encore, la sortant définitivement de la boue et la déplaçant sur un terrain sec. Je la rejoignis et déliai la corde. La génisse restait immobile, allongée à plat, le souffle battant, les paupières à demi fermées. J'allai remercier l'agriculteur, tout en lui rendant ses cordes maculées de boue. Celui-ci acquiesça et jeta un dernier regard à l'animal : « Elle n'a pas l'air bien… »

Très vite, je fus seule de nouveau. J'osais à peine regarder la génisse. La fatigue émanait d'elle comme une aura terrible. Je me courbai et poussai autant que je pus ses épaules, l'aidant à se redresser. La tâche n'était pas simple, car la jeune bête se laissait aller : ne cherchant aucunement à combattre sa propre mort, elle retombait lourdement dès que je diminuais mon effort. Tendant le dos au point de sentir mes muscles vibrer sous l'effort, je parvins cependant à mes fins. Doucement, elle reprit un nouvel équilibre et put se redresser. Elle ne chercha cependant pas à se lever. Me contentant pour le moment du résultat, le dos endolori, je partis clore de nouveau le champ, avant que les autres génisses ne trouvent la bonne idée d'aller explorer les alentours.

Peu formée que j'étais à l'exercice, il faut avouer que ma clôture n'était pas du meilleur effet, mais l'essentiel est qu'elle tenait. Quand j'eus fini, mes mains étaient non seulement recouvertes de boue, mais à présent piquées à sang par les barbelés. Je retournai auprès de la rescapée. Celle-ci n'avait pas bougé. Les yeux fermés, elle se reposait. J'allai lui chercher à manger et à boire. Si elle accepta l'eau, elle refusa de s'alimenter. Je pris donc une vieille couverture qui était étendue dans le coffre de la voiture et l'en recouvris. Éloignant le seau de nourriture afin que les autres animaux ne viennent pas l'importuner et la renverser en voulant le lui voler, je m'éloignai du champ, assommée par tant d'efforts. Mes mains, mes poignets tiraient, mon dos aussi, un peu. Le ciel n'était plus du même gris. Il virait vers l'ombre et se teintait de noir. Le silence était total. Progressivement, les bêtes s'étaient rassemblées sous les haies, cherchant à se protéger du froid, de plus en plus mordant, et d'hypothétiques prédateurs. On les voyait, au loin, en petits paquets, tête contre tête, dos contre dos. J'étais prise d'un certain malaise, à les laisser ainsi dans le froid. Il fallait les rentrer. Et vite.

Le réseau téléphonique à Montgaudry était comme le soleil à ce moment-là : fuyant. Je ne reçus le message de ma mère, me disant que papa était réveillé, que sur le chemin du retour. Je l'appelai immédiatement. Il me répondit d'une voix éraillée que ça allait, qu'il avait mal, mais que ça allait, et il coupa court à la conversation. Ça n'avait en réalité pas l'air d'aller si fort que cela… mais cela ne voulait pas dire qu'il n'y aurait pas guérison. Exténuée, affamée, je n'eus pas la force d'aller voir les animaux sous le hangar. Je rentrai immédiatement à la maison et m'engouffrai sous la douche avant de rejoindre ma mère pour dîner.

La nuit même m'attendait un cours d'entrepreneuriat, auquel je me connectai. Rompue de fatigue, je m'y endormis, tombant sur mes deux bras croisés contre le bureau de bois.

Partie 2

Les sillons que l'on suit

Une fois la terre préparée, il faut tracer les sillons des semis. Le plus important est de créer le premier. Il n'y a ensuite plus qu'à le suivre, chaque sillon répétant le tracé du premier, jusqu'à ce que le champ soit intégralement semé.

Chapitre 5
Préparer la terre

La terre labourée est faite de mottes, qu'il faut casser et affiner afin de pouvoir ensuite y semer les cultures suivantes. Les sillons de labour disparaissent sous ce travail d'affinage, en attendant que soient tracés plus tard les sillons fertiles des semis.

Briser les mottes de terre

À l'issue de l'intervention, l'état général de papa se dégrada. S'il était indéniablement fatigué précédemment, il souffrait atrocement et anormalement depuis l'opération. Les médecins nous dirent que le cancer devait prendre une soudaine vigueur. Je vois encore cette femme, avec sa blouse blanche, me regarder dans les yeux pour me dire que le cancer de mon père ne pourrait plus être guéri, qu'il fallait lui dire au revoir. Maman n'y croyait pas. Elle insista pour qu'il revienne à la maison, ce que les médecins acceptèrent. Voir mon père dans cet état, lui qui avait toujours été si fort et si souriant, relevait d'une sensation bien plus difficile que la douleur, ou que la peine. C'était à proprement parler insupportable. Courbé sur lui-même, il avait du mal à marcher. Il perdait parfois l'esprit, de douleur, ne sachant plus où il était, qui j'étais. Il en voulait à ma mère, au monde hospitalier dans son entier. Il nous aimait, de tout son cœur, mais son amour était voilé, chaque jour un peu plus, sous cette montagne de souffrance qu'il devait supporter.

Ma mère, elle aussi, se battait. Au fil des jours se forgeait chez elle la conviction que quelque chose clochait. C'était son engagement à elle, que mon père survive, que le monde médical ouvre les yeux sur le fait que les symptômes dont il souffrait ne correspondaient pas à ceux d'un cancer en phase terminale. Elle était persuadée qu'une vérité nous était cachée. Alors, jusqu'à l'épuisement, elle se battit. Je la retrouvais exténuée le soir, quand je rentrais, de ses combats contre le corps hospitalier auquel elle appartenait.

Elle demanda le dossier médical de papa au CHU où il avait été opéré. L'hôpital refusa. Elle insista. On lui dit que le dossier était perdu. Elle demanda une ambulance, pour que de nouveaux examens soient faits dans un autre hôpital, à Paris, là où mon père avait été pris en charge aux débuts de sa maladie, afin de reconstituer un dossier. Ce dernier fut finalement retrouvé, mais on ne voulut pas le lui donner. On ne voulut pas non plus libérer le malade vers un autre établissement. Qu'il aille mourir chez lui, oui. Qu'on tâche de comprendre ce qu'il avait, non. L'hôpital se fit menaçant, soulignant que l'ambulance serait à notre charge si nous nous entêtions à le transférer à la capitale. Ma mère rétorqua que prendre en charge l'ambulance était loin d'être notre principal souci. Les médecins ne surent plus quoi répondre. Ce dialogue de sourds dura des semaines, personne ne voulant comprendre l'autre, l'hôpital changeant de version, d'interlocuteur, de ton, à chaque conversation. Il fallut des semaines, mais finalement mon père, agonisant de douleur, s'en alla à Paris, pour de nouveaux contrôles, de nouveaux examens. Là encore, il y eut des résistances. Les examens complémentaires eurent bien lieu, mais l'analyse devait être délivrée par l'hôpital de référence, celui dont maman avait eu tant de mal à extraire mon père, hôpital qui se cantonnait bien entendu à sa version initiale, celle d'un cancer qui prenait le dessus dans un combat que mon père avait perdu. Ma mère ne réussit à obtenir le dossier tant réclamé, et les nouvelles images des entrailles de son mari, qu'en se présentant en tant que médecin traitant à l'hôpital parisien, tombant par chance sur une secrétaire qui n'avait pas reçu l'instruction de refuser à cette femme médecin le dossier de son mari. Là, enfin, on comprit.

L'opération avait en réalité mal tourné. Lors de celle-ci, le chirurgien avait rompu la prothèse qu'il devait poser dans l'intestin de mon père. C'était dans tous les cas une prothèse qui n'avait pas vocation à tenir des années, elle faisait partie de celles qui ne coûtaient pas trop cher, elle servait aux soins palliatifs, mais n'était pas faite pour sauver des vies. Les médecins étaient si certains que mon père devait mourir que, même si la pose de la prothèse s'était déroulée convenablement, elle aurait fini par céder rapidement, définissant ainsi irrémédiablement une date de péremption au combat qui se jouait entre mon père et la maladie. À présent, ses fils métalliques étaient piqués dans l'intestin, promettant des douleurs insupportables à chaque mouvement. Plus rien ne pouvait être fait. Pire, la prothèse rompue bloquait plus qu'elle n'aidait le passage des aliments. Il y avait eu faute chirurgicale et surtout faute déontologique, de ne pas nous l'avoir dit. Nous avions là les éléments pour intenter un procès. Mon père nous le demanda, dans un éclair de lucidité. Mais nous n'en avions pas la force. Nous ne l'avons jamais fait.

Ce fut vraiment le moment où tout dérailla complètement. La vie de mon père ne fut par la suite que douleur et allers-retours entre la maison et l'hôpital où ma mère travaillait. Les grands hôpitaux n'avaient plus d'espoir pour lui, alors nous le gardions près de nous et continuions, en famille, à cultiver l'espoir de sa rémission, en le regardant souffrir, jour après jour, en souffrant avec lui.

Affiner la terre

Dans cette situation, ma vie d'agricultrice constituait une échappatoire bienvenue. Quand tout bourdonnait un peu trop fort, je vidais ma tête en allant marcher dans les champs. Les vaches sont extrêmement sensibles à l'attitude générale de celui ou celle qui s'approche d'elles. Je ne pouvais que m'obliger, à leur contact, à être sereine. Tout geste brusque, tout agacement, se soldait par un refus de coopération de leur part. « Va te calmer, et reviens quand tu seras civilisée », semblaient-elles me dire. Naviguer au milieu d'elles, surveiller leur état, était donc pour moi aussi efficace qu'une séance de sylvothérapie. J'aimais ainsi m'attarder à caresser le dos de l'une d'entre elles, ou simplement m'asseoir là, dans un pré. Le contact de la terre humide sous moi, le silence brisé seulement par le vent, me plongeaient dans un sentiment d'éternité qui avait quelque chose de réconfortant.

Marcher dans les prés m'aidait par ailleurs à lutter contre l'étouffement qui me prenait dès que je rentrais à la maison et voyais mon père agoniser de douleur. Je retrouvais, à coups de grandes inspirations, cet air qui me manquait. J'aimais me lever de bon matin, savourer l'air frais sur mes joues, qui efface les derniers fards du sommeil. Il y a ici quelque chose d'originel, de sacré, autour de 6 heures du matin. Le monde n'a pas encore vraiment basculé dans une nouvelle journée et seuls les oiseaux semblent savoir que le soleil est sur le point de se lever. Ils chantent, dans une cacophonie où nos pas résonnent en discorde. C'est un moment de beauté qui donne envie de s'arrêter et juste de respirer, d'écouter, d'exister sans plus avancer. Pourtant, tout le charme de cet instant tient dans le basculement, d'un temps à l'autre, d'une nuit à un jour, d'une seconde de demi-clarté à une lumière pleine et entière. C'est sans doute cela, la beauté de l'aube. La certitude que le jour arrive, sans qu'il soit encore vraiment là, l'incertitude sur le point d'être levée. Ce bonheur prend au ventre, saisit l'âme et invite à la contemplation.

Ce bonheur de l'aube est similaire à celui d'une naissance. Malgré mon amateurisme complet, j'attendais les vêlages avec impatience. Je voyais le ventre des vaches s'arrondir, leur corps se préparer à ce douloureux moment, leurs mamelles se remplir. À cette période, ne sachant pas vraiment prédire le jour de l'événement, je surveillais chaque vache, des jours durant, jusqu'à l'épuisement. Il fallut qu'une agricultrice à la retraite qui appréciait beaucoup mes parents, Alice, passât un jour et m'expliquât. À un certain point, les ligaments qui rattachent la queue au bassin se distendent. C'est le signe qu'il ne faut pas manquer, le moment où la vigilance doit devenir quasiment permanente. Avant, cela ne sert à rien de se fatiguer.

La nuit est souvent le moment de l'heureux événement, une fois le hangar assoupi et l'humain absent. C'est la raison pour laquelle il ne faut pas oublier de se lever, toutes les deux ou trois heures, afin de monter à l'étable ou dans le pré, et de vérifier que l'instant n'est pas venu. C'est dur, d'interrompre son sommeil à plusieurs reprises, d'enfiler son manteau, d'ouvrir sa porte au courant d'air froid et de traverser sa cour, de multiples fois, au milieu de la nuit. Mais cette attente, cet effort de veille, ne fait que renforcer le sentiment d'impatience et d'exceptionnalité lié à la naissance à venir. Je veillais alors, j'attendais le moment, pour mieux le savourer. La merveille absolue du métier d'éleveur est vraiment la vie naissante, dans toute son incertitude. Et si le veau est mal placé ? Et si la mère ne parvient pas à le faire sortir seule ? J'avais, de plus en plus, un certain sentiment de fierté, quasiment maternel, à voir que les animaux allaient bien, que je parvenais à m'occuper d'eux. Je souhaitais à présent admirer des naissances sans difficulté. Mais c'était sans doute trop demander.

Il y avait, derrière le hangar, une prairie où des vaches devaient vêler. Mon père laissait les veaux naître au champ, en ne les aidant que si la nécessité s'en faisait sentir. Je faisais mes tournées juste avant la tombée de la nuit, pour essayer de détecter les signes avant-coureurs. Souvent, inquiète, je retournais les voir vers 2 heures du matin, avec ma lampe frontale. Une nuit notamment, je cherchai désespérément l'une d'entre elles, dont le vêlage s'annonçait imminent. L'ambiance d'un champ la nuit est toute particulière. Des ombres se distinguent, là où la lune éclaire. On apprend à reconnaître les lignes d'horizon, les arbres, les êtres qui vivent là, d'une manière qui ne nous est pas familière. Tout paraît transformé, on se perd facilement. Cette nuit-là, une fois, deux fois, trois fois, je fis le tour du champ. Mais la vache que je m'attachais à surveiller avait disparu. C'était incroyable. Dans la nuit fraîche, je me demandai même si un démon farceur ne me jouait pas quelque tour. On devient superstitieux dans ces moments. Résignée, fatiguée, je repartis me coucher. Ce n'est qu'au petit matin que je découvris la raison de ma quête infructueuse. Le veau était bien né et sa mère avait trouvé pour cette naissance le meilleur des endroits.

Une clôture du champ, qui donnait sur la réserve de paille, était trouée. À terre, dans cette réserve, étaient éparpillés les restes des ballots stockés l'année passée. Ils constituaient un tapis doré qui, en ce matin-là, scintillait comme la vie précieuse qui y était née. Car le veau était là, debout, prostré, avec sa mère inquiète. Elle me regarda de ses grands yeux, se trouvant découverte. Lui ne comprenait pas, il se tenait sur ses jambes démesurées, songeant uniquement à téter. Je les laissai à leur intimité, souriant à cette vie qui surprenait aussi parfois du bon côté.

Progressivement, les vêlages s'enchaînèrent. Dans un premier temps, si l'un d'eux se déroulait manifestement mal, j'appelais le vétérinaire. Dans mon incompétence, je dépendais de lui à la fois pour l'approvisionnement en médicaments, ce qui est le cas de tout éleveur, mais aussi pour les soins liés aux naissances... J'avais tout à apprendre et personne pour me permettre de le faire. Ses interventions coûtaient cher, autour de deux cents euros, trois cents si le vêlage était difficile. Bien trop cher lorsqu'on est déjà très endetté. Nous lui devions, à ce vétérinaire, douze mille euros. Et s'il intervenait à gros frais, il ne m'enseignait rien. Je réalisai donc vite qu'il allait falloir, d'une façon ou d'une autre, prendre les choses en main et sortir de l'ignorance pour ne pas tomber dans un gouffre financier. Il me fallait apprendre sur le tas, et vite.

Être prêt à semer

Je détectai un soir, dans un champ, une vache prête à vêler. Dans la perspective joyeuse d'une naissance, je lui fis traverser la route et l'invitai ensuite à rentrer à l'étable, afin de pouvoir plus facilement la surveiller. On ne m'y prendrait pas deux fois… ! La nuit venue, je me levai, toutes les trois heures, pour aller la voir dans le froid. Mais elle resta toute la nuit calmement installée sur la paille à ruminer son repas. Elle attendit le petit matin pour commencer son travail. Je l'observai attentivement en nourrissant ses compagnons. Je paillai les cases, me rendis dans les champs autour pour vérifier que tout allait bien, pour passer le temps. Mais à mon retour je constatai que désespérément, non, aucune patte ne sortait du ventre de la vache couchée. Cela faisait deux heures que le travail avait débuté, je commençais à m'inquiéter. J'allai voir mon père, qui, depuis son lit, me demanda d'appeler le vétérinaire. Seulement j'hésitais. La dernière fois qu'il était passé, il n'avait pas manqué de souligner qu'il allait falloir penser à combler une partie de la dette échue. J'avais honte de l'appeler à nouveau alors que, peut-être, j'étais capable de tenter quelque chose. De plus, cette vache était gentille, il ne me serait pas difficile de l'attraper et d'essayer de l'aider.

J'avais vu, de loin, très souvent, mon père faire. J'avais vu, de même, faire le vétérinaire, bien que ce dernier n'ait pas souhaité m'expliquer. Je savais qu'il fallait attraper puis attacher la vache, tâcher de sentir en elle les pattes et les accrocher chacune à une cordelette. Cela fait, je savais également qu'il fallait utiliser la vêleuse, un système de levier ingénieusement pensé pour faire sortir progressivement le veau de sa mère, sans trop tirer. Si mes connaissances se limitaient à cela, je dois dire aujourd'hui que les choses sont en réalité un petit peu plus complexes.

À partir du moment où le travail de la mère débute, il faut deux ou trois heures au veau pour naître. Tout commence par la première poche des eaux, fort difficile à apercevoir, car son expulsion dure à peine quelques minutes. S'ensuit une période de calme, où la future mère peut même se remettre à manger ou à ruminer. Mais, à un moment donné, l'agitation reprend, les contractions s'intensifient, la vache devient plus agitée, gratte du pied, se couche et se relève, incommodée.

C'est ici que l'œil de l'éleveur doit être exercé. Cette agitation ne doit pas durer plus d'une heure sans que la seconde poche des eaux, et les pattes du veau, émergent. Pour peu que celui-ci soit mal placé, ou que l'utérus de la mère subisse une torsion, les symptômes de la naissance ne seront que très peu visibles et, si rien n'est fait, le veau finira étouffé dans le ventre de sa mère, qui aura de grandes chances de périr avec lui. C'est seulement si tout se passe bien que la vache se couchera finalement sur le flanc et commencera à véritablement pousser. Si rien ne vient, alors l'humain doit intervenir. Il faut que les pattes avant se présentent en premier. Viennent ensuite le bout du nez, puis la tête, et enfin les épaules. Une fois toute cette partie du corps sortie, le reste sera facile et rapide.

Il arrive en réalité régulièrement à l'éleveur d'intervenir lors des naissances. Lorsque le temps est trop long entre la première poche des eaux et la seconde, qui contient le veau. Lorsque le petit arrive en siège. Lorsque la mère vêle des jumeaux, ce qui occasionne toujours de mauvaises positions. Inlassablement, je m'émerveille. C'est une responsabilité immense, car on a, véritablement, deux vies entre les mains. Il faut saisir le petit à l'intérieur de la mère, le repositionner, vérifier qu'il aura suffisamment de passage, en particulier au niveau des épaules, et éventuellement le guider vers la sortie. Suivent alors l'éveil du veau et ses premiers soins, notamment la désinfection du cordon ombilical.

Ce jour-là, je décidai donc d'intervenir moi-même, sans appeler le vétérinaire. Je saisis une corde et j'entrai dans la case. La vache se laissa faire. Je passai la corde autour de ses cornes et l'attachai à la barrière. J'oubliai de mettre un gant, mais je m'étais soigneusement lavé les mains. Saisissant les deux liens servant à attacher les pattes du veau à la vêleuse, je fis entrer ma main dans la vulve de la vache. Il est perturbant d'évoluer ainsi à l'aveugle, par le toucher, dans un monde si inconnu. Fermant les yeux pour me focaliser sur ce que je parvenais à identifier grâce à mes mains, je trouvai finalement assez facilement deux pieds, à mon grand soulagement. La vache bougeait un peu. J'entourai tant bien que mal les pieds du veau avec les cordelettes et serrai. Saisissant la vêleuse, j'y accrochai les cordes et je me mis à tirer.

J'eus de la chance. Le veau passait. Progressivement donc, la tête apparut. Celle d'un petit animal endormi, les yeux fermés, la langue pendante. Je tirai encore. Mes poignets commençaient à devenir douloureux, mais je persistais, ne pouvant plus abandonner. La tête passa complètement, d'un coup. Deux grands yeux surpris s'ouvrirent alors. Ce réveil fut fabuleux. Les narines du veau s'écartèrent, aspirant vigoureusement leur première bouffée d'air. Les épaules, le dos puis les fesses du veau suivirent assez facilement. Il chut au sol et secoua lourdement sa tête, visiblement irrité de subir un réveil si brutal. Je reculai, soulagée. Déjà, sa mère l'appelait, luttant contre la corde qui la retenait. Je la libérai. J'avais, pour la première fois, mis une vie au monde, au sens propre du terme. J'en étais toute retournée.

À chaque fois, une naissance réussie est faite d'aube puis de lumière, d'un vacillement débouchant sur la vie. Connaître cela, c'est je crois la plus grande chance des éleveurs, d'une beauté fragile, addictive, qui ramène à une réalité concrète : la beauté, c'est avant tout la vie, parce qu'on met toute notre énergie à repousser la mort qui veille, tapie.

Alors que nous nous battions contre l'hôpital, que nous tâchions, ma mère et moi, de garder hors de la mort mon père, ces naissances arrivaient comme une délivrance. Ici, sous ce hangar, avec mes vaches, je pouvais agir concrètement pour la vie. Je me prouvais que j'étais capable d'assumer la responsabilité qui m'incombait : protéger l'existence de chacun de ces animaux. Chaque mise au monde était une victoire contre la mort. Cette ferme, ainsi, se transformait progressivement en un soutien dans les épreuves que je traversais. Elle me tenait debout, me donnait un but, une possibilité de me réaliser, quand tout, autour, s'assombrissait.

Chapitre 6
Trier les graines

Toute graine n'est pas bonne à semer. Certaines, trop petites, abîmées ou encore de la mauvaise variété, doivent être éliminées. Sans cela, des sillons pourraient se trouver vides ou habités par l'inverse de ce que l'on souhaite.

Éliminer les mauvaises graines

Ma reprise de l'exploitation coïncidait à mes yeux avec un régime transitoire. Je n'imaginais pas, initialement, qu'il se prolongerait aussi longtemps. Seulement, les semaines passaient. La situation durait.

Ma vie tournait exclusivement autour de la ferme et de mon père. Ma jeunesse me manquait.

Je me sentais extraordinairement seule. De douleur, mon père perdait de plus en plus souvent l'esprit, ne me reconnaissait pas, hurlait la nuit. Ma mère ne pouvait plus dormir avec lui. De façon erratique, il souhaitait ressaisir la gestion de sa ferme. Il voulait, comme jamais, investir dans de beaux matériels. Une charrue six corps, une moissonneuse-batteuse, une faucheuse flambant neuve. Moi, je voyais les dettes, les factures impayées, les comptes bancaires à sec. Alors je ne l'écoutais pas, en me disant que, bientôt, il pourrait retrouver ses esprits et reprendre en main sa ferme qui n'attendait que lui. Et pour cela, il m'en voulait beaucoup, m'accusant, dans quelques coups de colère peu lucides, de lui voler la direction, son travail, sa vie. Je n'eus bientôt plus la patience de le raisonner. Maman et moi, nous lui confisquions son téléphone, pour qu'il n'appelle plus tel prestataire, tel vendeur, en lui promettant d'acheter ses services. Mon père me manquait…

Maman m'aidait autant qu'elle pouvait. Elle faisait à manger, répondait aux fournisseurs, prenait en charge de nombreuses formalités, en particulier auprès de nos créanciers, pour trouver des échéanciers, des reports de paiement, des reports d'agios pour impayés. Elle réglait aussi, comme elle pouvait, quelques factures de la ferme, celles qui devenaient critiques, celles pour lesquelles on ne voulait plus transiger et nous laisser un délai. Découvrir son désespoir quand elle me voyait rentrer, exténuée, en fin de journée, était pour moi une épreuve de plus à supporter.

Malgré ou peut-être grâce à tous ces moments de douleur, à la ferme, subtilement, je progressais. J'osai même un jour sortir le tracteur sur la route, pour emporter une balle de foin dans un champ éloigné. Je le fis avec une grande incertitude, en ayant peur à chaque voiture que je croisais, mais je parvins à destination sans semer la zizanie sur mon passage. Je posai le ballot au milieu des vaches, qui se ruèrent dessus. Et je rentrai, fière du travail accompli. Cette expérience heureuse m'incita à recommencer, jusqu'à me sentir un peu plus à l'aise avec cet outil à la taille, me disais-je alors, démesurée.

Tout ce travail n'était pas sans effets indésirables. Mon dos tirait. Mes poignets me faisaient de plus en plus mal : je ne pouvais plus faire un geste sans ressentir une vive douleur partant de la main jusqu'au coude. La nécessité de travailler, encore et toujours, m'obligeait néanmoins à serrer les dents. Je refusais de me faire soigner, je n'avais pas le temps. La nuit, je prenais en notes mes cours de Boston en me mettant sous Advil. Si je ne pouvais pas arrêter, cette situation me mettait devant une évidence : je ne pouvais plus continuer seule.

Alors je me mis en quête d'un salarié. Un jeune homme se présenta. Il avait travaillé dans une entreprise de récolte de pommes de terre, avait l'habitude de conduire de grandes machines, et nous avait été chaleureusement recommandé. Il souhaitait se rapprocher de la région et cherchait donc un travail « dans le coin ». Mon père se leva de son lit pour l'occasion et apprécia la rencontre. Rapidement, ce fut décidé : il devait commencer dans trois semaines, le 2 janvier. Je ne le savais pas encore, mais il serait l'un des sauveurs de la ferme.

En attendant son arrivée, je continuai seule. Le téléphone de papa sonnait souvent. Des fournisseurs qui réclamaient leurs impayés. Il me disait de ne pas répondre. À force de recevoir des appels de relance, toutefois, je me mis à la comptabilité. Le bilan était inquiétant. Je réalisai à quel point être malade, lorsqu'on est agriculteur, est financièrement de mauvais ton. Cela faisait longtemps que les banques ne prêtaient plus à mon père, du fait de sa maladie. Le matériel vieillissait de façon inquiétante. Cela engendrait des factures de réparation si importantes que l'on n'arrivait plus à payer. Papa, à cause de ses séjours répétés à l'hôpital, n'avait plus vendu de bêtes depuis longtemps. La trésorerie en souffrait. Il me faudrait par ailleurs acheter de la nourriture pour les animaux à un autre agriculteur, car les stocks étaient largement insuffisants pour l'hiver. Deux années consécutives, la coopérative agricole locale nous avait prêté l'argent pour financer nos cultures, sans que nous ayons été à même de la rembourser. Nous lui devions cent mille euros. Une bagatelle… Au total, c'étaient plus de six cent mille euros de dettes que la ferme avait accumulés, dont plus de deux cent mille euros de dettes à court terme.

Je contactai rapidement les banques et la comptable de la ferme pour savoir ce que l'on pouvait envisager. Cette dernière, une petite femme brune à l'air vif, me regarda découragée : « Ça fait maintenant plusieurs années que je le dis à votre père… C'est le problème de la maladie… Ça fait des années qu'il n'a plus investi, que la rentabilité n'est plus là. La ferme, elle n'est plus viable. Si vous tenez jusqu'à l'année prochaine, vous pourrez déjà vous dire que vous avez fait un miracle. » Je ne voulais pas l'écouter, la croire. J'étais incapable de voir couler la ferme, cette ferme dont j'étais la dépositaire.

Ça m'aurait tuée de l'intérieur, comme le cancer qui tuait mon père, car elle était tout ce qui me restait de ce que j'avais connu de lui, bien vivant. La comptable ne put me donner aucun conseil sérieux pour redresser l'exploitation. Alors je décidai qu'à la banque ça se passerait mieux.

Mais je n'y fus pas reçue avec plus d'optimisme. Je rencontrai le banquier de mon père, un grand homme approchant de la quarantaine, en plein essor de carrière. Il me parla comme à une enfant qui découvre la vie, m'expliquant que le mieux à faire était de tout vendre à la volée. « Vous n'aurez pas l'énergie, vous n'avez pas l'envie, vous n'imaginez pas ce que c'est », m'affirma-t-il. « Nous, on suit les gens en qui on croit », crut-il bon de me dire, quelques conseils plus tard. Mais pourquoi ne croyait-il pas en moi, au juste ? Parce que j'avais vingt ans ? Parce que j'étais une fille ? Parce que j'avais occupé ma vie à autre chose avant de conduire un tracteur et de faire vêler des vaches ? Parce que j'avais un air de Parisienne ? Je n'eus pas envie de le supplier. La seule chose envisageable pour lui fut d'emprunter à court terme, sur six mois, des sommes que je savais déjà ne pas pouvoir rembourser. « Vous vendez toutes vos vaches à l'abattoir, lui il paye, vous aurez de quoi rembourser. » Je hochai la tête, ayant désespérément besoin d'argent, mais sachant très bien que les vaches, je ne les vendrais pas, et donc que six mois plus tard je serais dans d'aussi mauvais draps que je l'étais à présent. Mais il me faisait gagner six mois. C'était déjà ça. Soixante mille euros arrivaient ainsi sur le compte de la ferme. C'était plus que je n'avais jamais vu, mais cela n'avait aucune commune mesure par rapport aux dettes qui s'étaient accumulées.

Je découvrais à quel point, dans une ferme pourtant de taille modeste, il ne faut pas avoir peur des gros chiffres. Je payai le plus urgent avec cet argent en espérant un miracle une demi-année plus tard. J'appelai également un marchand de bestiaux et vendis quelques vaches. Je ne les cédai d'ailleurs pas au premier venu. Un homme qui travaillait avec mon père depuis plus de dix ans, sentant mon manque d'expérience, n'hésita pas à essayer d'en profiter en me proposant des prix inférieurs de presque moitié à ce que les bêtes valaient. Ce fut donc un deuxième acheteur, qui n'avait pas l'habitude de travailler avec nous, qui empocha la mise. J'appris à cette occasion deux leçons, qui allaient me servir ensuite. La première : mon statut de jeune femme inexpérimentée ne m'aiderait pas. La seconde : je n'avais pas le droit à l'erreur, et donc pas le droit de me laisser faire.

Les agriculteurs alentour se demandaient ce qui se tramait. Je pense que jamais ils n'auraient imaginé que je reprenne, moi, citadine, la ferme de mon père. Partie dès mon bac, je ne connaissais pas la plupart d'entre eux. Le premier réflexe de certains fut d'appeler mon père, pour savoir combien il vendait la ferme. Eux s'imaginaient déjà se partager l'œuvre d'une vie pendant que, nous, nous nous battions pour notre survie. Je me souviens du dégoût que m'a inspiré cette attitude. Mon père n'était pas mort que, déjà, les vautours se précipitaient sur lui. Devant son absence de réponse, certains insistants vinrent même sonner à notre porte. Papa fit un jour l'effort de se lever pour affirmer que rien n'était à vendre, qu'il n'était pas encore mort et que, si vente il y avait, ils verraient cela avec sa femme et sa fille. Ils ne repassèrent plus. Encore aujourd'hui, je n'ai pas pardonné cette attitude et son souvenir me rappelle que l'homme aussi possède des instincts animaux qui n'ont rien à voir avec le bien.

Il faut avouer que nous n'osions pas non plus répondre à tous que la ferme n'était définitivement pas à vendre. De fait, je venais de demander à la chambre d'agriculture l'autorisation d'exploiter les terres occupées par mon père, ce qui supposait, étant donné mon absence de diplômes agricoles, une dérogation spéciale, motivée par le fait que celui-ci allait m'apprendre le métier. Il suffisait qu'un agriculteur s'y oppose, en invoquant son intérêt à exploiter nos terres, ou l'évidente incapacité de mon père à me transmettre son métier, pour mettre en danger le projet. Il valait donc mieux que personne ne soit au courant. Je ne demandai pas non plus d'aide autour de nous, de peur que la situation difficile de la ferme ne s'ébruite et que notre fragilité ne soit étalée au grand jour, par fierté et par pudeur aussi. Une fois seulement, face à une barge de paille trop haute pour moi, j'acceptai que ma mère demande à un voisin de m'aider à attraper quelques ballots. Je dois dire que jamais je ne l'aurais sollicité moi-même… L'ego paysan sans doute…

Un jour, cependant, je m'effondrai. Les vaches avaient pris l'habitude de fuir le pré situé derrière le hangar pour entrer dans la réserve de paille, là où le veau était né quelque temps auparavant. Il y faisait meilleur et il y avait de la nourriture à volonté. Progressivement, les vaches se grattant sur les ballots à leur portée, la paille s'était éparpillée, créant un matelas plus qu'alléchant. Cette situation n'aurait été tolérée par aucun agriculteur expérimenté, mais, dans mon manque de connaissance, j'avais laissé la chose se faire. Or un midi, alors que nous déjeunions, ma mère et moi, un grand bruit se fit entendre. Je me souviens que mon état de fatigue était très prononcé, mes muscles douloureux, j'étais physiquement au bord de l'épuisement. Maman insista pour que j'aille voir immédiatement ce qui se passait, mais je préférai finir de manger, pour me reposer encore un peu, n'ayant pas le courage de voir ce qui m'attendait là-haut. Lorsque je montai après le café, je découvris la barge de paille écroulée. Le troupeau était parti, mais une vache restait là, à côté, en meuglant doucement. Je compris brutalement. Son veau devait être en dessous, bloqué, voire écrasé. Me précipitant sur le tracteur, j'entrepris de dégager un à un les ballots de forme rectangulaire, dont la moitié étaient éventrés. Ils étaient empilés pêle-mêle, de sorte qu'en déplacer un menaçait de faire s'écrouler tous les autres. Incertaine, avec une fourche de tracteur que je maniais avec difficulté, je les saisis un à un. Je descendais régulièrement, cherchant à repérer le veau. Je le trouvai finalement. Il était sur le dos, respirant grâce à l'espace qui avait subsisté entre trois ballots tombés en pyramide. Au moins deux d'entre eux reposaient sur ses membres inférieurs. J'avais envie de vomir. Je parvins à le dégager. Il ne perdit pas un instant et, témoignant ici d'une résistance à toute épreuve, se remit sur ses pattes sans même boiter pour rejoindre sa mère précipitamment, et le duo s'en fut à travers champs. J'étais à bout de nerfs. Je vomis pour de bon.

Ce n'est qu'une fois redressée que je découvris une des bêtes, qui avait goulûment voulu attraper du foin à travers une barrière, la tête coincée entre deux barreaux. Elle restait bloquée là, à attendre en silence qu'on la délivre. Me demandant combien de temps encore ces animaux allaient me mener la vie dure, je déboulonnai les barreaux. Or mes mains n'avaient plus la même vigueur à force d'être maltraitées. J'avais si mal aux poignets que je pleurais, serrant les dents, démontant les écrous grippés. Le sort s'acharnait, mes vaches s'acharnaient… C'était l'épreuve de trop. Alors que l'animal libéré repartait tranquillement vaquer à ses occupations, je m'effondrai.

Ma mère me trouva là, je ne sais combien de minutes ou d'heures plus tard, à bout d'énergie. Le soir même, elle appela le jeune salarié que nous avions recruté pour qu'il arrive dès le lundi suivant. C'est ainsi que Guillaume commença à travailler sur la ferme, avec une semaine d'avance, au lendemain de Noël 2013…

Semer les graines fertiles

Guillaume entama en premier lieu un gros coup de ménage. Rangées, les auges que j'avais placées un peu n'importe où. Refaite, la clôture qui protégeait la réserve de paille. Triés, les animaux qui ne tenaient plus dans leur pré. Identifiés, les petits veaux qui étaient nés. Son arrivée me fit découvrir la rigueur nécessaire au métier d'agriculteur. Il me montra comment il fallait laisser l'espace d'un marteau entre deux fils barbelés, à chaque piquet, pour qu'à la fin ce soit une clôture bien droite qu'on obtienne. Il me fit enfoncer des crampons, qui permettent de maintenir le fil attaché au piquet. D'une main, on le tient, de l'autre, on frappe avec le marteau. Si on vise mal, ce sont les doigts qui prennent. « Ça fait entrer le métier. »

Je revenais de ces séances de clôture les doigts piqués, les mains déchirées, les jambes flageolantes, mais j'avais l'impression d'avancer. Identifier, à l'aide d'une boucle dans chaque oreille, les veaux de plusieurs semaines était une autre affaire. Ils couraient bien, les petits malins. Leur force dépassait largement la mienne, ou celle de Guillaume. Il fallait donc ruser, attraper une corde et bien viser. Parfois, tout cela ressemblait à une bande dessinée, à un *Lucky Luke* où les cowboys, en l'occurrence, c'étaient nous. On en riait de bon cœur, une fois la besogne terminée.

Tout cela avait, il faut l'avouer, des airs d'aventure. Beau pari, à quatre, que de redresser la ferme. Mon père, depuis son lit, qui dans ses éclairs de lucidité nous aiguillait. Maman, qui fournissait vivres, couverts, soutien moral et un peu de liquidités. Guillaume, qui travaillait avec acharnement et précision. Et moi, qui faisais ce que je pouvais. Nous luttions contre les prédictions ; déjouer le sort et les pronostics avait quelque chose de stimulant. Je suis persuadée qu'au fond, à force de nous entendre répéter par les banques, les comptables, que c'était une mission suicide, nous en tirions des forces, des éléments de motivation. Parce que nous étions un peu fous… et déterminés, nous avions décidé de leur montrer qu'ils auraient tort.

Progressivement, du haut de ses vingt et quelques années, Guillaume me fit acquérir l'expérience qui m'avait tant manqué pendant les semaines écoulées. Cependant, au fil du temps, nous réalisions que nous avions beaucoup de mal à communiquer. Papa était la personne qui l'avait officiellement recruté. Moi, je n'avais jamais porté une exploitation, je ne savais pas comment paraître légitime, car, en réalité, je n'avais aucune légitimité. Je ne savais pas comment diriger, parce que je ne l'avais jamais fait. Mes décisions étaient peu écoutées. Tout pouvait être objet de frictions. Par exemple, j'avais l'habitude de rédiger des listes afin de ne rien oublier. Mais, quand je les lui transmettais, il se vexait, croyant que je le prenais pour un imbécile, alors que, moi, j'avais besoin de cet outil pour fonctionner. Il lui fallut des mois avant de me l'avouer. Je voulais mettre le tas de blé à un endroit, lui à un autre, et hop, nous nous disputions. Nous ne nous comprenions pas vraiment, nous n'avions pas les mêmes priorités, les mêmes codes, la même façon de parler. Ma patience était à peu près aussi développée que mon expérience agricole et j'avais beaucoup de mal à cacher la tension qui m'habitait.

Nos débuts ne furent donc pas tout à fait intuitifs, mais cela ne nous empêcha pas de travailler. Il m'apprit à conduire les autres engins et en particulier le chariot télescopique de la ferme, plus petit et pratique pour les tâches quotidiennes. Il m'expliqua également comment prélever de la nourriture dans un silo, en veillant à ce qu'il demeure toujours droit, pour minimiser la pourriture et donc le gaspillage, ainsi que le développement de champignons susceptibles d'intoxiquer les animaux. Ensemble, nous remontions les cases qui devaient abriter les bovins pour l'hiver. Nous allions dans les champs, avec la bétaillère, rentrer un à un les troupeaux, alors que bon nombre de bêtes commençaient à dépérir dans l'humidité de l'hiver. Ce ne fut pas une mince affaire. Attraper des animaux rendus sauvages par manque de soins quotidiens n'est pas chose aisée. Nous les appâtions avec de la nourriture, nous les accoutumions à notre présence. Mais on ne rattrape pas en deux semaines une confiance qui prend des mois à se bâtir. Avec un peu de chance, de nombreuses courses-poursuites et finalement une volonté résolue d'en finir, nous parvînmes à dompter ces farouches animaux.

Mon soulagement fut grand lorsque, mi-janvier, l'ensemble des bêtes furent rentrées au chaud et correctement alimentées. Toute cette activité n'était pas des plus reposantes : les journées étaient denses, le rythme que Guillaume imposait était soutenu, voire intensif, mais, pour la première fois depuis mon retour de Boston, je me sentais épaulée, j'avais le sentiment que l'on construisait quelque chose qui allait vers le mieux, et j'avais quelqu'un avec qui parler, réfléchir et faire des projets. En parallèle, je passai avec succès, à distance, les examens de fin d'année que j'aurais dû réaliser à l'autre bout du monde. Il m'aura fallu travailler de nuit, une fois la ferme endormie. L'énergie, je la puisais dans un tréfonds insoupçonné de moi-même, là où existe le réflexe de survie. Là aussi, je ressentis cet événement comme une importante victoire.

Ma reprise de la ferme commença ainsi véritablement durant ces derniers mois de l'année 2013, alors que je me saisissais de son avenir en même temps que de son quotidien. Certes, les conditions n'étaient pas réunies. Mon père ne pouvait pas m'aider comme il l'aurait aimé, mon inexpérience ralentissait son redressement, mon corps suivait difficilement. Mais j'étais à présent entourée. De Guillaume, plus expérimenté. De ma mère, qui se dévouait corps et âme pour que nous surmontions nos difficultés. Et de mes vaches, qui, chaque jour un peu plus, se dévoilaient à moi comme un héritage à protéger.

Chapitre 7
Tracer le premier sillon

Le sillon des semis est d'une grande beauté, car il est promesse de vie à naître dans l'année, une vie qui nourrira les animaux ou les hommes. Une vie « entre deux » donc, car elle n'a vocation à éclore que pour nourrir d'autres destins.

Tracer entre deux années

L'amélioration de la situation à la ferme me poussa à consacrer quelque énergie à partir à Paris pour le Nouvel An. Jusqu'au matin même, j'hésitai. Depuis mon retour de Boston, je m'étais beaucoup isolée. Vivre le déraillement de ma vie était une chose suffisamment pénible pour ne pas m'imposer, en plus, d'en parler avec mes proches, qui s'inquiétaient. Mais ils me manquaient, tout de même… Un ami, Grégoire, nous invitait dans sa maison pour la soirée du 31 décembre. Toute ma bande d'amis y serait. Or, Guillaume étant en repos, partir une soirée à la capitale signifiait laisser mes animaux sans secours si soudain le besoin s'en faisait sentir… J'étais tiraillée.

Faisant le tour des bêtes le matin du 31, je constatai que tout le monde allait parfaitement bien. Maman et mon père me poussaient à « prendre un peu de bon temps ». Alors je me décidai. Nourrissant copieusement chacun des lots d'animaux pour qu'ils soient repus jusqu'au lendemain, je filai en train vers Paris. Ils m'avaient tant manqué, tous, avec leur bonne humeur, leurs potins, leurs préoccupations si légères. J'avais envie de les retrouver, pour retomber un instant dans mes vingt-et-un ans. Je peinai à enfiler ma robe de soirée. À travailler à la ferme, j'avais changé de morphologie. Mes bras s'étaient renforcés, mes cuisses aussi. Beau travail, Anne-Cécile, me dis-je, ennuyée, tandis que je tâchais de trouver une tenue dans laquelle je pourrais respirer.

Je retrouvai mes amis en pleine forme. Grégoire tomba d'ailleurs amoureux de sa future femme ce soir-là. Notre groupe de filles était au complet et l'on passa notre soirée à rire des derniers potins que j'avais ratés. Peu avant minuit, Grégoire vint me voir avec un autre ami, Maxime, pour me demander si j'avais postulé à Sciences Po, afin de passer le concours d'entrée en master. Il est vrai que c'était quelque chose que j'avais envisagé, il y avait de cela un an. C'était même moi qui leur avais donné l'idée. Mais, entre-temps, beaucoup de choses avaient changé… Je leur répondis que non, un peu gênée. Ils parurent scandalisés, m'affirmant que, pour eux, cela était fait depuis belle lurette, que c'était dommage, que j'avais un profil que l'école pouvait rechercher. Je passai à un autre sujet, mais, au fond, la chose me turlupinait. Est-ce que je ne faisais pas une erreur, à ne pas essayer ? Certes, j'avais peu de chances d'être prise, car le concours serait dur à préparer avec la ferme, le stage de fin d'études à côté, mais était-ce une raison suffisante pour ne pas au moins tenter ? Et rester étudiante, c'était peut-être la meilleure chose que j'avais à faire, commencer à travailler à Paris étant pour le moment hors de question…

Prise de remords, autour de 23 h 45, je montai à l'étage pour m'isoler du bruit et je commençai, sur mon téléphone, le processus d'inscription. Il fallait deux lettres de recommandation, la date limite de dépôt des candidatures étant le 2 janvier. En hâte, j'écrivis un mail à un professeur de Boston, et à trois autres professeurs, deux de mon ancienne classe préparatoire, un de mon école de commerce, afin de multiplier mes chances d'avoir le nombre escompté le lendemain, 1er janvier. Osée, dira-t-on, cette inscription de dernière minute. Peut-être était-ce le destin qui me rattrapait à la volée dans ma chute en avant. Ou alors était-ce juste la vie me rappelant qu'il est bon d'avoir des amis. Dans tous les cas, je redescendis juste à temps pour trinquer à l'année 2013 écoulée, ou à l'année suivante, qui se présentait.

Le lendemain, deux de mes professeurs m'avaient répondu favorablement, tandis qu'une professeure de prépa m'annonçait qu'après deux recommandations sans admission elle ne souhaitait plus mettre en danger sa crédibilité. Peu importait, avec deux recommandations, le compte était bon ! J'étais officiellement inscrite aux épreuves d'admission de Sciences Po Paris.

Tracer entre deux terres

Pour le moment, mes études en école de commerce n'étaient par ailleurs pas tout à fait terminées. J'avais réussi à négocier avec Boston et mon école française la validation de mon diplôme étranger par correspondance. Mais je n'étais pas parvenue à m'extraire de l'obligation de réaliser mon stage de fin d'études à Paris. Celui-ci était prévu depuis plus d'un an, l'école nous ayant incités, avec raison, à rechercher notre stage avant notre départ à l'étranger. Je devais intégrer ce gros cabinet d'audit parisien, Ernst & Young, pour opérer, au sein d'une équipe, la certification des comptes d'entreprises cotées et de grands opérateurs publics avant leur publication à destination des actionnaires, des potentiels investisseurs et des citoyens. Si, avant Boston, je me destinais à une carrière dans le milieu, tout cela paraissait à présent bien loin de mes préoccupations. Je voyais ce stage comme une perte de temps.

J'avais toutefois trouvé un petit appartement de douze mètres carrés à Paris, en plein cœur du quartier d'affaires de la Défense. Pour le meubler, ma mère et moi étions passées au grand centre commercial juste à côté, les 4 Temps. Je garde de ce moment un souvenir chéri. Nous avons pris, ce jour-là, du temps pour nous. Ma mère était de toute évidence ravie de m'offrir un joli tapis, un service de mugs assortis aux rideaux, une nappe rouge à petits pois blancs. Paris était encore illuminé des fêtes de fin d'année, la ville était rayonnante, en particulier le soir. La journée passa à grande vitesse. Une fois nos achats acheminés jusqu'à l'appartement – et ce ne fut pas une mince affaire ! – nous prîmes le temps de partager un bon dîner, sans doute un peu trop plein d'acides gras saturés, sur le marché de Noël encore ouvert. Derrière nous, le sapin de la Défense était illuminé de blanc et de rouge, comme dans les films américains. Ça sentait la cannelle, le caramel et le fromage grillé. Et c'était bien. La vie était de nouveau normale, le temps d'une soirée.

Lorsque ma mère partit le soir même pour la Normandie, je restai à Paris, car je commençais mon stage le lendemain. Je me souviens de la boule au ventre qui me prit lorsque je la vis fermer la porte de mon studio derrière elle. Je n'avais pas envie d'être seule. D'un coup, affronter la journée du lendemain, l'effervescence d'une rentrée dans le monde du travail, avoir l'énergie attendue de la jeune étudiante que j'étais… Tout cela me paraissait surhumain. Et pourtant, à 9 heures, j'y étais.

Les locaux du cabinet étaient gigantesques. Nous étions accueillis au milieu de buffets, de sourires policés. Tout était fait pour que nous nous sentions « à la maison ». J'y retrouvais plusieurs amis d'école, avec qui j'avais passé les entretiens d'entrée plusieurs mois auparavant. Tous étaient fringants, ravis de leur séjour à l'étranger, de leur retour à Paris, de leurs aventures à renouveler. Moi, j'étais un peu stressée, mais j'arrivais assez bien à m'immerger dans le mélange de positivité et d'impersonnalité ambiant. Cela avait quelque chose de reposant, de ne plus exister vraiment comme individu. La foule, ça permet de se cacher.

Progressivement, je me créai des habitudes. Je quittais ma ferme la semaine, en la laissant aux mains de Guillaume, et la rejoignais le week-end, quand ce dernier était en repos. On s'appelait souvent : je sentais que c'était pesant pour lui, d'être seul au quotidien. Pour autant, j'avais confiance.

C'était une vie à cent à l'heure. J'étais tombée, au sein du cabinet, sur une mission éprouvante et une équipe souffrant âprement d'une manager sous pression. On travaillait jusqu'à 3 heures, 4 heures du matin, pour que les comptes soient certifiés le jour voulu. La direction de l'entité que nous auditions partait sous peu, essentiellement du fait de ses piètres performances. L'ambiance n'était donc pas à son maximum…

On parlait peu, on n'en avait pas vraiment le droit, toute notre énergie devant être concentrée sur la production des « livrables » attendus. Durant cette période, trois de mes coéquipiers démissionnèrent. Moi, je ne disais rien de ma situation rocambolesque. Je faisais simplement ce qu'on me demandait, sans broncher. Je dois dire que ça n'a pourtant jamais été mon caractère, de me taire lorsque j'estime abusif un comportement, ou lorsque je pense avoir raison en dépit de l'avis général. Mais je cherchais à économiser mon énergie, pour les vraies priorités, et cette mission n'en faisait pas partie.

Je prolongeais juste un peu mes séjours aux toilettes, où je me cachais pour répondre à Guillaume, à ma mère, à mon père, lorsqu'ils m'appelaient. L'état de mon père empirait. Il fit, durant ces quatre mois, plusieurs semaines dans le coma. Je ne voulais pas aller le voir dans ces moments-là. C'était trop dur. Le coma n'est pas cet état de calme qu'on voit dans les films. Mon père s'agitait, il me donnait le sentiment qu'il souffrait. J'attendais avec anxiété ses réveils. Ils avaient systématiquement lieu en semaine, sur mes heures de travail. Je filais alors une nouvelle fois aux toilettes pour l'appeler, et il me répondait. Je pleurais. Cette situation s'est répétée à de nombreuses reprises. Le plus dur était de croiser un client, un membre de l'équipe, dans les toilettes, alors que je tâchais de reprendre contenance. Je partais immédiatement en regardant le sol, soufflant pour tenter de dissiper le rouge de mes yeux, de mes joues.

Un week-end, j'allai voir papa à l'hôpital. Il était alité, fatigué. Je lui confiai ma détresse, de ne pas savoir où il partait, quand il s'absentait, comme ça, de ce monde. Il me répondit doucement, avec tendresse, mais aussi une espèce de compassion, de pitié, pour sa fille qui le regardait souffrir. « Oh tu sais, me dit-il, je suis bien là-bas. Je suis dans une belle forêt, immense, faite de noir et de blanc. La lumière perce à travers les arbres, à travers le sol, elle est partout. Je me repose, assis ou couché, au milieu des feuilles. Je marche, en paix. Je n'ai pas mal. C'est le seul endroit où je n'ai pas mal. À chaque fois, il y a cette grande lumière blanche. Je pourrais aller en elle, elle m'appelle. Je n'y vais pas, je ne le fais pas, je ne sais pas vraiment pourquoi je reviens ici. Sans doute pour être avec toi, encore un peu, mais tout est souffrance ici.

Un jour, je ne reviendrai pas, mais il ne faudra pas t'inquiéter. C'est que je serai bien, que j'aurai choisi de partir vers cette paix, vers cette lumière, qui m'attend. »

Les vendredis étaient terribles. Pour une raison qui m'est inconnue, il retombait souvent dans la démence les vendredis soir, quand je rentrais. Tout allait bien, me disait ma mère, mais lorsque j'arrivais, je sentais cette odeur âcre, significative de sa maladie. Mon père, couché en boule dans son lit, ne réagissait pas à mon arrivée. Je me penchais vers lui, mais il ne me reconnaissait pas. Il était là, les yeux grands ouverts, figés dans le vide. Si je lui prenais le bras, ou l'épaule, il se dégageait, me demandant de le laisser en paix. Il était retourné à la sorte de démence que provoquaient sa maladie, sa douleur, durant le trajet de ma mère pour venir me chercher à la sortie du train qui me ramenait de Paris. C'était, dans mon souvenir, presque systématique.

Je n'ai ainsi que très peu vu mon père, mon réel père, celui qui m'aimait de toute son âme et qui avait toute sa raison, durant ces quatre premiers mois de l'année 2014. Il me manquait terriblement, et marcher dans ce monde sans qu'il soit présent, véritablement présent, était quelque chose de terrifiant. Parfois, néanmoins, à le voir souffrir si atrocement, je me prenais à souhaiter qu'il reste avec cette lumière qui prenait soin de lui, qu'il ne reprenne plus conscience, car avec cette conscience venait l'enfer de ce que sa vie était devenue. L'enfer qui paralysait nos propres vies, celle de maman, la mienne. À la vérité, nous avions, d'une certaine manière, tous les trois cessé de vivre. Les éléments nous emportaient sans que nous décidions, vers toujours plus de douleur, sans rémission.

Tracer entre deux lignes

Je prétextai un jeudi d'être malade. J'envoyai un SMS à ma manager, qui ne me répondit pas, dédaignant ainsi cette attitude de tire-au-flanc. C'était en réalité le jour du concours de Sciences Po. Je filai, un peu honteuse de mon mensonge, en direction d'un grand hall où le nombre de candidats donnait le tournis. J'eus beaucoup de peine à retrouver mes amis, qui s'étaient déjà assis, un peu anxieux, à leur table jaune café au lait. Au plafond, de grands compteurs indiquaient l'heure, en lumière rouge, sur fond noir. Ça éliminait toute bonne excuse pour lever son stylo en retard. J'avalai mon habituel Advil afin d'être capable d'écrire malgré mon mal de poignet et je m'installai avec l'optimisme de ceux qui n'ont rien à perdre : je n'avais pas pris une minute pour me préparer. Le sujet portait sur l'homme augmenté, entre éthique et mythe. Ça ne m'inspirait pas beaucoup. J'y entrai néanmoins, en toute bonne volonté. Dans le grand hall, la moindre toux, le moindre soupir s'entendait immédiatement. Mais c'était surtout le bruit des stylos qui meublait le silence. Ils grattaient le papier, chacun à leur rythme, comme une incitation à ne surtout pas les lever. Ma dernière partie fut un peu courte, j'avais, comme d'habitude, un peu traîné en route.

En sortant, j'étais certaine de m'être plantée. Je garde un souvenir tendu du trajet retour, dans un RER bondé. Grégoire avait le même sentiment que moi – mais, finalement, je ne l'avais jamais vu sortir sûr de lui d'un examen –, Maxime paraissait davantage assuré. On confronta nos copies ; nos versions divergeaient. Peu rassurant. Je me souviens que l'on se quitta assez vite. Pour ma part, je filai dans mon appartement me coucher.

Fort heureusement, je changeai de mission en seconde partie de stage. Le rythme se relâcha un peu. J'évoluais à présent dans une équipe plus soudée, où le responsable respirait la sérénité. Mais je me cachais toujours pour téléphoner, parler à mon père, négocier l'achat de piquets de clôture, lorsque j'avais mes talons aiguilles et mes contrôles financiers à effectuer. Je vivais en secret ma double vie, je détestais en parler, je la considérais comme une anormalité. Même mes amis avaient compris qu'il fallait éviter le sujet.

Parfois, papa se déplaçait à Paris, pour se rendre à l'hôpital de Clichy. J'allais alors le voir tous les soirs, en particulier pour lui apporter à manger. Car si papa se nourrissait à présent peu, les repas fades de l'hôpital l'en dissuadaient complètement, ce qui risquait de l'amaigrir plus que ce qu'il n'aurait pu supporter. À chaque fois, il passait commande et je tentais de trouver les rares mets qui avaient grâce à ses yeux. C'était souvent plein de rebondissements. Je sortais toujours un peu ric-rac du travail : les autres ne comprenant pas pourquoi je partais si tôt. Immédiatement après ma sortie des bureaux, je filais faire les courses. La première fois, je me fis avoir, alors que papa m'avait commandé du jambon et que j'avais imaginé que, partout en France, on en trouvait. Je ne savais pas que chercher du jambon à Clichy, c'était comme chercher un cidre canadien en Normandie, ce n'est pas trop la tendance du coin. Je dus reprendre le métro, rebrousser chemin, pour revenir dans le centre parisien et retrouver des magasins vendeurs de cochons. Encore un peu et je serais arrivée après l'horaire autorisé pour les visites. Une autre fois, il voulut des coquilles de saumon. Chez nous, on en trouvait partout. À Paris, pas moyen de mettre la main dessus. J'arpentai Neuilly en quête d'un traiteur vendeur du plat que mon père avait décidé de manger. Impossible. Je finis, en désespoir de cause, par visiter même les boucheries. L'une d'entre elles me rabroua d'ailleurs assez violemment : « Vous avez vu la pancarte ? C'est une boucherie ici. » Sympathiques, ces patrons parisiens… Ce fut un échec, je pris une pizza et des viennoiseries, mais rien n'eut grâce auprès de l'estomac tourmenté de mon père, qui, ce soir-là, ne mangea pas.

Le week-end, je rentrais fidèlement à la ferme, auprès de mes animaux, de maman. Et je me débattais toujours plus avec la paille, le foin, les grains qui manquaient, les formalités qui s'amoncelaient. Ce qu'on appelait « enfer administratif » prenait un aspect très concret : cette pile qui grandissait chaque jour sur le bureau, jusqu'à tomber, ce qui impliquait d'en commencer une nouvelle à côté. Ce ton impersonnel des courriers, qui réclamaient leur dû, avec force et menaces caractérisées... Les factures s'accumulaient et je me demandais toujours plus comment j'allais payer. Comment j'allais trouver le temps de procéder à toutes ces déclarations, ces formalités, ces demandes d'autorisation. Il y en avait pour des semaines... J'avais des animaux, j'avais des cultures qui étaient implantées, j'avais une autorisation d'exploiter. Mais les bêtes n'étaient pas prêtes à être vendues, les cultures ne pourraient pas être récoltées avant encore plusieurs mois. C'était très compliqué et je laissais traîner les dettes qui ne se « voyaient » pas : celles de la mutualité sociale agricole, qui concernaient les cotisations sociales, celles du groupement de défense sanitaire, dont les cotisations financent quelques frais sanitaires et d'identification des animaux, ou encore celles de la chambre d'agriculture... Celles, en réalité, qui provenaient d'organismes qui ne me fermeraient pas leur porte s'ils attendaient un peu trop pour recevoir leur paiement.

Courant mars, je reçus une lettre de Sciences Po. À l'issue des écrits, j'étais admissible et je devais à présent passer les oraux. Ils étaient prévus à Paris, quinze jours plus tard. Mon jury était nommé. Je m'empressai d'appeler Grégoire et Maxime, également tous deux admissibles. Grégoire avait hérité du même jury que moi.

Les garçons m'indiquèrent un groupe Facebook qui accueillait l'ensemble des étudiants invités à passer l'oral. Au fil des jours, les témoignages se succédaient et il s'avérait que Grégoire et moi n'étions pas tombés sur la plus tendre des équipes. Notre jury semblait attaquer assez durement les étudiants qui se présentaient devant lui, pour tester leur résistance. J'avais bien besoin de cela ! C'est donc un tantinet angoissée que je me présentai mi-mars devant le 27, rue Saint-Guillaume, à Paris.

Les entretiens avaient du retard. On m'invita à m'asseoir devant une salle de cours, à côté d'autres étudiants qui, comme moi j'imagine, arboraient un teint plutôt blafard. On entendait, étouffés, les échos de discussions à l'intérieur des salles. De temps en temps, une porte s'ouvrait, laissant sortir un candidat en costume, une jeune fille en tailleur. Mes mains étaient moites. À chaque fois que je suis angoissée, ce sont mes mains qui transpirent, tandis que mon corps, lui, reste de marbre. Il y a ici quelque chose de fort gênant, surtout lorsque l'on doit serrer quelques paluches. J'essuyais donc frénétiquement mes mains contre mon pantalon noir, tandis que les minutes défilaient. Enfin, ce fut mon tour.

J'entrai dans une pièce où trois personnes m'attendaient. Deux hommes, une femme. Je m'installai à leur invitation sur une chaise positionnée devant une table d'écolier. Et l'entretien débuta. Présentation personnelle, présentation du projet, présentation de mes motivations. Je mentionnai que j'étais fille d'agriculteur et que je travaillais « souvent » à la ferme, mais on ne releva pas. L'entretien porta donc sur des sujets très « politiques publiques » et, à ma grande surprise, politiques tout court. « Quel est votre avis sur la politique du gouvernement ? » ; « Pour vous, quel est l'avenir de la droite française ? » Je ne me souviens plus de la réponse que j'étais parvenue à formuler, mais je répondis sans doute un peu à côté de la plaque, car, la politique, cela n'avait jamais été mon fort. « La République, c'est quoi pour vous ? » ; « Le jacobinisme, ça vous parle ? » ; « La performance de l'État, c'est quoi ? » On me coupait beaucoup, le jury semblant plus intéressé par ses questions, qui filaient à la vitesse de la lumière, que par mes réponses. Très vite, je compris que c'était un test, pour contrôler ma capacité à garder mon sang-froid et continuer à répondre de façon structurée. Je poursuivis donc, de la façon la plus mesurée possible.

Le jury prit ensuite le pli de me faire dire ce que je n'avais pas dit : « Vous avez mentionné le fait que la droite avait plus d'avenir que la gauche, mais ne pensez-vous pas que cela relève du dogmatisme ? » Je n'avais rien dit de tel, bien au contraire, lui répondis-je. « Vous affirmez avoir peur de l'échec, mais est-ce que ce n'est pas la rançon du succès ensuite ? » Je corrigeai une fois encore, précisant que, justement, j'avais expliqué que la vision américaine était plus saine que la vision française de l'échec, car, aux États-Unis, il était communément admis que l'on apprenait davantage de ce dernier que de la réussite. On tournait en rond, c'était exaspérant et à la fin je ne savais plus si tout cela signifiait qu'en désespoir de cause on ne m'écoutait pas, ou que jusqu'au bout on me testait. L'entretien prit cependant fin à un certain point et, épuisée de discourir pour n'arriver nulle part, je quittai la salle avec un merci forcé. La porte refermée, je m'empressai de revenir en Normandie. J'étais persuadée d'avoir complètement raté mon oral. Tant et si bien que je ne pris même pas la peine de me renseigner sur la date des résultats.

Une journée où nous venions de sortir une série d'animaux au pré, mon téléphone sonna dans la poche de ma cotte de travail. C'était Maxime, l'ami avec qui j'avais passé le concours de Sciences Po. Il m'appelait pour me féliciter. J'étais admise, et très confuse. Grégoire était admis aussi. Lui, en revanche, n'était pas reçu. Immédiatement, j'eus un sentiment d'imposture : Maxime avait travaillé, bien plus que moi, ce concours. Il lui avait semblé réussir l'oral. Il y croyait et sa motivation était en réalité bien supérieure à la mienne. Mais il n'avait pas été admis. J'avais envie de m'excuser, de le consoler. Mais il ne m'en laissa pas l'occasion. Il raccrocha vite, et fit le mort durant les semaines qui suivirent. Guillaume, qui nourrissait les animaux non loin, fut le premier à apprendre la nouvelle. « Je suis admise à Sciences Po, un copain vient de m'appeler », lui dis-je. Il me félicita, avant de me demander dans la foulée, inquiet, ce que cela signifiait pour la ferme. « Rien, lui répondis-je, mis à part que je vais organiser mes cours pour être là plus souvent. » J'appelai papa, il était à l'hôpital. Il ne répondit pas, je tombai sur sa messagerie. Cela arrivait de plus en plus souvent, il avait besoin d'aide pour brancher son téléphone afin de recharger la batterie. J'appelai donc maman, qui se fit une joie de me passer mon père au téléphone. Il me félicita : « Bravo, Coco, c'est vraiment bien, je suis content. » On ne parlait jamais très longtemps, avec mon père, à cette époque-là, il se fatiguait très vite. Le soir venu, maman revint avec un grand gâteau et de quoi préparer un apéro. Une admission à Sciences Po après tout, c'est une fois dans une vie ! Cette soirée fut une véritable bouffée d'air heureux... Avant le précipice.

Chapitre 8
Suivre les sillons tracés

Une fois le premier sillon dessiné, il ne reste plus qu'à tracer les autres, échos du premier.

Durant tous ces mois, au quotidien, je dois dire que je n'étais pas la plus à plaindre.

Maman, d'abord, était largement mise à l'effort. Elle assurait le difficile lien entre son travail à l'hôpital et son patient particulier, son mari, qui souffrait. Elle assurait aussi l'intendance pour la ferme, allant chercher des produits chez le vétérinaire, du matériel à la coopérative, de l'essence au supermarché. Elle devait surtout tenir mentalement, pour mon père, pour moi et pour Guillaume aussi, qui avait également son fardeau à porter.

Répéter ce que d'autres avant ont fait

À la ferme, le temps passant, c'était vraiment Guillaume qui souffrait le plus. Moi, je m'échappais régulièrement à Paris. Lui, devait chaque jour être dans la cour, dans les champs. En février, en mars, en avril, la Normandie est humide. La cour de la ferme était en piteux état, les bottes s'enfonçaient dans la boue, qui était un peu partout. Les animaux, on découvrait tous les deux un peu. Ce n'était pas facile d'avoir un œil partout, de détecter à temps qu'une vache, un veau était malade. Le vétérinaire venait souvent, rarement pour de bonnes nouvelles. Guillaume voulait qu'on améliore des choses, qu'on investisse dans un peu de matériel de terrassement. Rien de mirobolant, juste pour que les choses soient plus simples, ou qu'on dépende moins de prestataires pour le travail des champs. C'était logique, dans le fond. Mais ce qu'il ne savait pas vraiment, c'est que les banques, elles, rechignaient à nous aider. À force, sa situation se muait en détresse, à mesure que les semaines passaient et que rien de concret ne pouvait être fait. Je lui disais toujours : « Attendons la moisson. » Avec elle, on aurait du grain à vendre, et du grain pour les animaux. On aurait de la paille, on pourrait respirer un peu, reconstituer des stocks pour l'hiver et l'engraissement, pour ensuite vendre quelques bêtes et investir quelques sous dans l'exploitation.

Le matériel nous aidait peu. Notre tracteur principal tomba en panne, une grosse panne, de dix mille euros. Notre presse à ballots fut mise en réparation, pour cinq mille euros. Des chiffres qui me donnaient le tournis, moi qui avais gagné, au mieux, en stage, autour de mille euros par mois.

Faute de mieux, j'empruntais encore, sur de courts termes. À coups de trente mille euros, je faisais rouler la dette de l'exploitation sur six mois, en me demandant comment, à la fin, j'allais faire pour rembourser définitivement cet argent. Cela me tendait ; je n'étais pas facile tous les jours. Je m'irritais de voir du foin à terre, alors qu'on en avait si peu. Je m'irritais de voir du blé gaspillé, alors que je savais qu'on n'en aurait pas assez. J'évitais les sujets d'argent, redoutant la fois suivante où Guillaume me demanderait : « Quand est-ce qu'on pourra réaménager la cour ? » J'appréhendais les moments où un vétérinaire, un représentant, une secrétaire, me demanderaient de l'argent. C'était oppressant et je ne pouvais strictement rien y faire.

On économisait donc beaucoup. On apprenait, vitesse grand V, à mener à bien des naissances compliquées. J'avais la chance de pouvoir appeler une agricultrice à la retraite, Alice, la même qui m'avait appris à reconnaître une vache devant vêler, pour m'appuyer sur son expérience. Elle habitait loin, mais elle m'aidait par téléphone. Je l'appelais, à 22 heures, à minuit, à 4 heures du matin. Elle me répondait toujours.

Elle m'expliquait comment retourner un veau dans le ventre de sa mère, lorsqu'il se présente à l'envers. « Mets-lui la patte à quatre-vingt-dix degrés, et tu la lui tords, dans le sens des aiguilles d'une montre, comme tu tournerais une clé. Lui casse pas la patte, hein, mais tu vas voir, y va pas aimer. » Effectivement, il n'aimait pas, se contorsionnait et, de lui-même, revenait à une place convenable. Je n'avais alors plus qu'à tirer.

Elle me décrivait comment ranimer un veau en arrêt cardiaque soudain, lorsque le cordon ombilical se rompt : « Tu lui prends la patte avant, la droite, et tu l'actives, comme si le veau courait un marathon, tu la fais courir, la patte, en l'écartant un peu, pour que le poumon, lui, il aspire de l'air. Une fois qu'il respire, tu y touches plus, tu le laisses tranquille, pendant une heure, essaye pas de le faire boire tout de suite, il te claquerait dans les pattes ! »

Elle me décrivit, aussi, comment sortir des jumeaux enchevêtrés l'un à l'autre. « Ferme les yeux. Tu prends un sabot dans le ventre. Tu vas jusqu'au genou. Et là tu sens quoi ? C'est une patte arrière ou une patte avant ? Une patte arrière ? Va chercher l'autre alors ! Te trompes pas, vérifie que c'est pas celle de l'autre veau, l'autre, faut le pousser au fond, il attendra. Et tu tournes les fesses du veau. Tu tires pas avant d'avoir les deux pattes, hein ! Et attention à la queue, il ne faut pas qu'elle se retourne, sinon, quand tu tireras, elle cisaillera l'utérus de la mère. Tu la tiens bien, avec les pattes, pour être sûre qu'elle s'retourne pas. » Parfois, j'aurais aimé avoir trois bras.

Ses conseils émanaient d'une vie entière d'expérience sur le sujet, d'une expérience de femme, petite, menue, qui a besoin d'astuces pour réussir ce que certains, la plupart en réalité, font avec leur seule force. Elle me fit aussi assumer que tout ne peut pas être directement parfait. Que si parfois les vaches restaient sur le fumier, parce qu'on n'avait pas le temps de curer, que si, un jour sur deux, elles n'avaient pas de foin, mais de la paille, parce qu'on n'en avait plus assez à leur donner, ce n'était pas si grave, le monde continuerait de tourner, les vaches ne m'en voudraient pas et ne s'en porteraient pas moins bien, ou presque. Elle m'aida, et m'aide toujours beaucoup. L'élevage, c'est sa vie, elle n'arrêtera sans doute jamais, même si elle n'a plus ses vaches. Elle continuera, malgré les années, à aider ceux qui ont besoin de ses conseils, parce qu'elle porte en son cœur la beauté du métier, des vies qu'il permet. Elle continuera en particulier à aider les femmes, celles « qui en veulent », parce qu'il n'y a aucune raison de « se laisser faire parce qu'on n'est pas un bonhomme ». Elle fait certainement partie de ces figures qui m'ont inspiré le courage de persévérer.

Néanmoins, au fil des mois, je fatiguais. Mes poignets me faisaient de plus en plus mal. Je serrais les dents à chaque fois que je tirais sur un veau, que je saisissais un objet. Nerveusement aussi, je commençais à craquer. Mon attention n'était parfois pas à son sommet. Je me forçais à travailler, je ne me laissais pas le choix, mais, à certains moments, mon cerveau vrillait. C'est ainsi qu'un beau matin je ratai un tournant dans la cour et que la fourche du tracteur accrocha un coin de mur. Celui-ci, sous le choc, se fendit en deux. Passé le moment de surprise, je laissai le tracteur là et filai à la maison me coucher. Je me souviens de Guillaume, rentrant des champs, passant par la porte de la salle à manger, pour me demander ce qu'il s'était passé. Il n'avait pas exactement le don pour réconforter – on ne peut pas avoir tous les talents à la fois ! Il me dit que mon père serait furieux de voir cela. Je ne répondis rien. Je ne le dis d'ailleurs jamais à mon père. Je ne sais pas comment il aurait réagi. Avec le recul, je crois qu'il n'aurait rien dit, sauf si cela avait été à l'un des moments où il était excédé par la douleur de sa maladie et où il ne pouvait rien supporter. Mais il ne montait plus sous le hangar, et il s'inquiétait déjà assez. Alors il ne le sut jamais.

Je conserve ainsi de ces premiers mois à la tête de l'exploitation des souvenirs de tension, d'inquiétude, d'incertitude. Je ne savais pas où tout cela allait mener et je ne continuais que par réflexe, sans vision. Mais j'en garde également de confus souvenirs de bonheur.

Jamais dans ma vie je n'avais eu à porter une si grande responsabilité. Tout ici dépendait de ma capacité à savoir reprendre cette ferme. À chaque fois que je rapprochais le foin, à chaque fois que je me démenais pour étaler la paille, curer les auges, sortir un veau du ventre de sa mère, j'avais le sentiment du devoir accompli, de la tâche qui, concrètement, améliore quelque chose sur terre. Pas de révolution, ni même de quête de reconnaissance : mon père était trop souvent absent de ce monde pour exprimer sa joie que je reprenne sa ferme, les autres agriculteurs n'étaient pas là pour me voir, mes amis non plus, et ma mère s'inquiétait plus qu'autre chose que je mette tant d'énergie à relever ce qui pouvait l'être de cette ferme. Je répondais en revanche à l'objectif que je m'étais fixé à moi-même, au quotidien, par chaque action. Et ça avait quelque chose de profondément satisfaisant.

Doucement, au fil de ces semaines laborieuses, le printemps faisait son nid. Les journées s'allongeaient, la végétation reprenait vie. Les animaux commençaient à regarder d'un œil envieux l'extérieur, les prairies qui progressivement se garnissaient. Les jonquilles poussaient. Ces dernières avaient été plantées par mon père enfant. Chaque année, elles étaient au rendez-vous. On ne les coupait jamais : une fleur qui vit est tellement plus jolie. On les regardait grandir, bourgeonner, fleurir et danser au vent, avant de baisser doucement la tête et faner, pour laisser place à l'été. Sauf cette année-là. Exceptionnellement, j'en cueillis un gros bouquet derrière la grange qui borde la maison, et je l'apportai à mon père. Je les posai sur sa table de nuit, juste à côté de lui. Il les regarda et pleura. Il savait, au fond de lui, que c'était la dernière fois qu'il les voyait en fleur. Quelque chose abandonna, en lui, ce jour-là. Il me prit la main, en me regardant avec un regard plein d'affection, de tristesse et de peur, et il pleura. « Tu sais, me dit-il, je n'ai pas fait ce que j'aurais dû dans ma vie. Je n'ai pas assez pris de temps pour ta mère et toi, je ne vous ai pas rendues assez heureuses. J'ai perdu du temps, j'aurais dû me concentrer sur ce qui comptait vraiment. » L'angoisse se lisait sur ses traits, l'angoisse de mourir sans avoir fait ce qu'il aurait dû faire sur cette terre. L'angoisse des regrets. Je lui répondis qu'il avait fait beaucoup pour nous, que cette maison, c'était lui qui l'avait construite. Que ce n'était d'ailleurs pas fini : le printemps était arrivé, il allait donc le voir, dehors, s'épanouir, dès qu'il irait mieux. Je ravalai ma peine et même, d'un ton sans doute un peu dur, je lui dis qu'il fallait qu'il se batte, que rien n'était fini et que, si on avait demandé aux médecins en octobre dernier s'il verrait ces fleurs pousser, ils auraient clairement répondu non. Que demain, j'en étais sûre, il aurait la force de se lever pour marcher un peu dans le jardin. Il ne me répondit rien.

Ses paroles, toutefois, m'obsèdent encore. Si je devais chercher la source de mon engagement aujourd'hui, je la trouverais sans doute en partie ici. Je revois souvent son regard, ce déchirement d'avoir laissé passer trop de temps avant de faire ce qui pour lui comptait. Jamais je ne veux connaître la même peine, le même remords. On ne sait, de fait, combien de temps la vie nous accordera.

Ravalant mon chagrin derrière ma belle carapace endurcie, je m'en allai après cette discussion dans le bureau, trier les factures.

Car le printemps est aussi un moment de grands frais. L'achat de produits phytosanitaires s'impose, alors que les champs d'orge, de blé, de colza reprennent vie et que le maïs doit être semé. L'achat de gazole aussi, alors que les tracteurs se déplacent davantage. Le paiement arrivé à échéance des frais de l'hiver enfin, en particulier la récolte du maïs réalisée par un prestataire, et des courts termes, toujours les mêmes, ceux de 30 000 euros que je peinais à rembourser. Je traitais également les factures des fournisseurs qui refusaient de voir les créances s'accroître davantage : les concessionnaires agricoles, le vétérinaire… Je priorisais les agriculteurs qui avaient accepté de me vendre de la paille et du foin pour passer l'hiver, car l'année précédente avait été dure et ils avaient eu du mal à accepter de déstocker du fourrage pour me le vendre. Chaque euro qui entrait sortait donc immédiatement. Ma mère mit encore quelques sommes dans l'affaire. Je mettais moi-même une grande part de mon salaire de stagiaire à Paris dans le paiement des frais urgents. Très vite, du fait de la faiblesse des stocks alimentaires de la ferme et de mon incapacité à en racheter, l'on remit donc les animaux au pré.

Dès mars, les bêtes et quelques veaux solides retrouvèrent ainsi leurs chers pâturages. À cette époque, l'herbe est un peu trop riche. Nous leur donnions donc quelques ballots de paille sèche pour conforter leur estomac le temps de l'acclimatation. Il est certain que quelques bêtes eurent l'appétit plus gros que le ventre à en juger par les fesses vert caca qui se trémoussaient lorsque nous allions leur rendre visite au pré, mais, dans l'ensemble, cette sortie prématurée ne troubla pas excessivement le troupeau.

Semer seul

Alors que les résultats d'admission de Sciences Po arrivaient, nous avions déjà mis au pré presque tous les animaux. La situation semblait maîtrisée. Papa rentra de l'hôpital rapidement après que je lui ai annoncé la bonne nouvelle. Une ambulance le déposa à la maison. Il insista pour se lever et se diriger lui-même jusqu'à son lit. Je me joignis à lui alors qu'il allumait la télé pour regarder les dernières actualités. Il me demanda quel cadeau je voulais, pour me féliciter d'avoir été admise à Sciences Po. « Une bague ? me demanda-t-il. Une robe ? – Je veux que tu guérisses, laissai-je échapper en sentant les larmes arriver. Je veux que tu continues à te battre pour guérir », ajoutai-je d'un ton qui relevait plus de la supplique que de la demande. Lui tendant une barre énergétique, je renchéris : « Je veux que tu te remettes à manger. » Se nourrir, de fait, lui était devenu impossible. S'il essayait, il vomissait immédiatement, dans une douleur atroce, tout ce qu'il absorbait. Même les soupes, même les boissons énergétiques. Il était d'une maigreur insoutenable. Je l'avais surpris, un matin, à se regarder presque nu devant le miroir de la salle de bains. Lui qui avait toujours été très bel homme, il s'observait, squelettique, se reconnaissant à peine. La douleur qui transparaissait de ses yeux, à se découvrir si amoindri, était aussi forte que celle qui émanait de son corps enlaidi. C'était une souffrance similaire qui se lisait ce jour-là dans ses yeux, alors que je lui demandais de manger. Il dirigea vers moi un regard désolé, empreint de pitié, et me répondit qu'il allait essayer. Mais on savait tous les deux qu'essayer ne suffisait plus. Il croqua dans la barre énergétique.

Le lendemain cependant, un miracle se produisit. Mon père allait mieux. Il décida même d'aller chercher une bouteille de vin à la cave, pour le dîner. Il voulut également aller acheter une faucheuse. Amusée, croyant à peine ce que je voyais, je cédai au caprice. Il nous en fallait effectivement une : le foin serait bientôt à faire et on ne disposait pour cela d'aucun matériel digne de ce nom. Je le conduisis donc chez le concessionnaire. Sa maigreur était telle que son pantalon, pourtant serré au mieux avec une ceinture à laquelle on avait ajouté une multitude de trous, ne faisait que descendre. J'ai gardé cette ceinture, je la porte souvent. Chaque trou me rappelle son supplice, son combat. Il tenait son pantalon d'une main, l'autre main sur une béquille. Il inspecta une à une les faucheuses à vendre et en choisit une, plutôt grande, avec un air assuré. Le vendeur n'était pas pressé. Répondant à des clients, à des fournisseurs, son téléphone semblant ne jamais vouloir s'arrêter de sonner, il nous fit attendre une demi-heure avant de nous laisser acheter. J'étais absolument outrée. Il ne connaissait peut-être pas la fatigue qu'endurait mon père, mais son état aurait dû, à lui seul, lui faire faire des cauchemars pendant une semaine. On finit néanmoins par payer. Je ramenai papa à la voiture, soulagée de le voir installé de nouveau plus confortablement. Mais il n'en avait pas fini. Il souhaita s'arrêter chez Point P, acheter des clous, les longs, pour me permettre de réaliser une clôture de lisses pour mes chevaux. Il voulut, encore une fois, entrer dans le magasin. Ici, on le connaissait bien, c'était l'enseigne de bricolage du coin, mais cela faisait longtemps qu'on ne l'avait pas vu. Une fois passé la phase de surprise, on lui proposa un siège, pendant que j'allais chercher les clous. Il s'assit et me regarda fièrement revenir avec la marchandise. « Mettez cela sur mon compte », ordonna-t-il. Je connaissais l'état du compte… Mais je n'eus pas le cœur de le contredire. Et on repartit. Un instant, j'eus l'espoir que mon père soit revenu. Il était si fier que l'on fasse ainsi nos emplettes ensemble. Moi, soudainement, éphémèrement, j'avais l'impression d'être accompagnée dans mon périple, dans cette reprise de la ferme, par mon père, par celui qui me transmettait sa vie, par quelqu'un avec qui j'avais le droit de douter, de ne pas savoir. J'étais fière, aussi, qu'il prenne ses forces en main pour réaliser tout cela avec moi. Mais je ne le lui dis pas… À la place, je lui dis que c'était pour lui, pour sa ferme sur laquelle il reviendrait, qu'on faisait tout cela.

Une fois de retour à la maison, j'accompagnai papa jusqu'à son lit, puis partis régler quelques formalités administratives. Une demi-heure plus tard, cependant, maman m'appela à travers le couloir. Papa n'allait pas bien, il perdait conscience. On connaissait ce symptôme ; bientôt il retomberait dans le coma. Elle me demanda de le surveiller pendant qu'elle appelait les secours. Je me couchai à côté de lui et lui demandai : « Papa, ça va ? » Il me répondit oui, par un geste affirmatif de la tête, de haut en bas, lent, appliqué et déterminé. Il avait dû lui en falloir, de la volonté, pour aller chercher au fond de lui suffisamment de lucidité pour me répondre. Puis plus rien, ses yeux étaient ouverts, mais sa conscience s'était absentée. Il devait être reparti en compagnie de sa lumière, avec laquelle il m'avait promis qu'un jour il resterait. L'ambulance arriva rapidement et l'emmena sur un brancard jusqu'à l'hôpital le plus proche, celui où travaillait ma mère.

Le lendemain, je ne passai pas le voir. Comme d'habitude durant ses heures de coma, j'avais décidé de ne pas m'infliger cette souffrance, de garder de lui l'image éveillée de la veille. Mais ma mère m'appela sur mon téléphone. « Anne-Cécile, viens voir ton père. » Ça n'était jamais souvent arrivé, ces coups de téléphone me demandant de passer à l'hôpital. Je ne me méfiai pas. Je quittai la ferme tranquillement et passai faire le plein d'essence avant d'opérer un détour par l'hôpital, pour ensuite aller monter à cheval. Habillée en équitation, chaussant rapidement des baskets propres, je me présentai aux urgences. Ma mère m'attendait dans le hall, elle sortit en me voyant.

Je compris immédiatement, à son visage. Un visage définitif, désolé, désespéré. Il était mort. Elle n'eut rien à me dire. Il était mort. Je hurlai. Dans la cour de l'hôpital, je criai ma détresse. Elle essaya de me parler : « Je n'ai pas osé te dire qu'il allait mal au téléphone, tu l'as raté de peu, il vient de partir. Viens voir comme il est beau, il est en paix », essaya-t-elle de me dire en pleurant avec moi. Une armée de soignants vint m'entourer, ne sachant si j'allais tomber ou bien hurler encore, sombrer en hystérie. Je me laissai plutôt emmener par ma mère, sans conviction, jusqu'à mon père, couché dans une salle annexe. « Il est beau », me répétait-elle. J'entrai. Je le découvris, couché là, sans vie. Aussitôt, je m'écriai : « Il n'est pas beau, non, il n'est pas beau », en faisant demi-tour. Si j'essaye aujourd'hui de me rappeler son visage mort, je n'y arrive pas. Je pense que mon esprit l'a effacé, intentionnellement, de ma mémoire. La mort n'est pas belle, non, je n'avais jamais vu un humain mort et je n'avais pas envie de voir celui-ci, de voir son beau visage sans vie. On me posa un tranquillisant sur la table, m'obligeant presque à l'avaler. Je refusai et, reprenant la voiture, je filai vers mon cheval. Les médecins s'y opposèrent, ma mère aussi. Mais personne n'osa m'arrêter. Je prévins tout de même l'écurie que mon père venait de mourir, histoire que personne ne se demande quel fantôme m'habitait.

Une demi-heure de route me séparait du haras. Je roulai tranquillement, pleurant tout ce que je pouvais afin d'être à peu près calme en arrivant là-bas. On m'attendait. Je filai, suivie de quatre personnes, voir ma jument. Ma jument en réalité, c'était celle de mon père. Elle l'avait toujours préféré. Au pré, elle venait systématiquement vers lui quand elle avait le choix. Il l'avait choyée dès petite et leur affinité ne s'était jamais envolée. Au début de sa maladie, papa n'hésitait pas à braver le froid avec ma mère pour venir nous voir dérouler des parcours de saut d'obstacles en concours. Mais, un peu comme moi, la jument n'avait jamais apprécié la foule. Elle s'inquiétait de la présence humaine en trop grand nombre et avait tendance à paniquer quand plus de deux personnes pénétraient en même temps dans son écurie. Or, ce jour-là, nous entrâmes à cinq. Elle aurait dû sauter au plafond, mais elle n'en fit rien. Alors que j'ouvrais la porte du box, elle me renifla et, baissant son nez à terre doucement, puis fléchissant les genoux, elle s'effondra à terre, tombant de tout son poids. Quelques secondes plus tard, elle était de nouveau debout. Je m'effondrai de plus belle, un peu comme elle, pleurant à son cou. Je ne sais pas ce qu'elle comprit ce jour-là, mais j'eus la certitude que, comme pour moi, un lien vital qui lui était propre venait d'être brisé, là, soudainement, dans un monde qui tout à coup semblait trop vide.

Chapitre 9
Faire confiance au destin

Une fois les sillons tracés, en répétition, une fois le grain semé, il faut faire confiance au destin, qui fera venir la pluie, le soleil, la chaleur et le froid, afin que les sillons prennent vie. Mais, plus d'une fois, l'agriculteur enragera devant les cultures détruites par une nature qui sait être violente et injuste.

Accepter la fatalité

Finalement, malgré un combat aussi immense que cruel, mon père s'en était allé. Je ne pouvais m'empêcher de penser que c'était son destin, de mourir si jeune, et que toute cette souffrance était en partie liée au fait qu'il y avait résisté, pour être plus longtemps avec maman, avec moi. La fatalité, on ne peut y être indifférent quand on travaille avec la vie. Elle est, en particulier, frappante en élevage. On peut se battre pour la survie d'un animal, on peut faire tout ce qui est en son pouvoir pour le protéger, certains sont destinés à mourir.

Une nuit, je me levai pour la troisième fois et constatai que la vache que je devais surveiller ce soir-là était en train de vêler. Il s'agissait d'une belle vache, que j'appréciais pour son caractère franc et son regard intelligent. Cela faisait plus de deux ans que papa attendait qu'elle parvienne à avoir un veau, et ne se résolvait pas à sa stérilité. Il avait bien fait. Ce soir-là, elle allait avoir un petit. Il se présentait, j'apercevais le bout des sabots. Je décidai donc de laisser la mère tranquille et de repasser un peu plus tard. Même s'il était 4 heures du matin, il était inutile d'espérer me rendormir. Je me saisis donc d'un café et entrepris d'achever quelques formalités administratives pour la ferme. Le tri des factures est mon occupe-esprit favori. Il suffit d'ouvrir une enveloppe, de la payer lorsque cela est possible et d'archiver. Ce n'est pas passionnant, mais cela occupe. Surtout lorsqu'une naissance est en cours.

Cette nuit-là, je parvins à résister quarante minutes avant de remonter voir où la vache en était. Or rien n'avait avancé. Elle était debout, la queue levée, sans que rien de son futur veau ne soit visible. Je décidai d'intervenir. Elle se laissa facilement guider dans le couloir de barrières me permettant de l'attacher pour intervenir en sécurité. Un seau de céréales l'y attendait, elle se rua sur son contenu. Pendant ce temps, j'enfilai des gants et entrai un bras au sein de son ventre. Le veau était là. Lorsque je saisis une de ses pattes, il la retira rapidement de mon étreinte, témoignant par là même de sa vitalité. Il arrivait dans le bon sens, mais semblait gros. Retirant mon bras, j'enfilai un second gant et laçai les deux pattes du veau, encore à l'intérieur de la mère, à la vêleuse. J'entrepris alors de le sortir, doucement. La mère m'aida : sortant la tête de son seau, elle se mit à pousser. La sortie était complexe. Je passai un bras à l'intérieur du ventre de la mère, pour constater que l'espace disponible était très faible. Mais il serait suffisant.

Tranquillement, le veau débuta sa sortie. J'exerçais à rythme régulier une traction vers le sol, aidant la mère à s'en sortir. Progressivement, le nez apparut, bougeant déjà, prêt à saisir sa première inspiration. Rapidement, les yeux arrivèrent également. Le plus long fut de faire passer le front. La tête du veau était large. Peut-être serait-il aussi intelligent que sa mère ? La vache gémit faiblement. Il est incroyable, pour l'observateur non averti, de voir à quel point un vêlage s'opère dans le silence. Finalement, en une contraction plus longue que les autres, le front passa. Le veau ouvrit les yeux, des yeux pleins de cette calme surprise, si brute de vie naïve. Les oreilles sortirent. Ensuite, ce fut terminé. Les épaules se dégagèrent facilement, le buste également et le bassin arriva. Le veau commença à bouger, anticipant sa libération. Ce fut le moment où le cordon ombilical se rompit. Brusquement, les yeux du nouveau-né se voilèrent. Sa respiration ne débuta pas. Je perdis quelques précieuses secondes à comprendre. Tout semblait arrêté, comme son cœur, qui n'avait pas voulu redémarrer. Je cessai de tirer le nouveau-né, la mère avait cessé de pousser. Le temps était en attente.

Mais, soudain, tout s'accéléra de nouveau. Abandonnant mes instruments, j'entrepris d'animer la cage thoracique du veau en bougeant une de ses pattes, comme me l'avait enseigné Alice quelques mois plus tôt, de longues minutes, désespérément. Voir ce corps sans vie m'était presque insupportable. Que c'était triste. Ma pauvre vache, qui ne verrait jamais son unique veau. Ce pauvre veau, qui aurait pu vivre. Ces destins, si incompréhensibles. Cette nuit-là, une fureur terrible me prit. Je voyais mon père dans cette mort. Je voyais ma vie de douleurs sans fin, d'efforts donnés pour rien. Je voyais l'injustice à l'état pur, dans ce veau qui n'avait rien fait, mais qui ne pourrait jamais gambader. J'avais envie de tout envoyer balader, vu que de toute façon c'était toujours la nature qui décidait.

Enrager

Le lendemain de la mort de papa, il fallut commencer à planifier l'enterrement. On n'eut d'autre choix que de le prévoir la veille de mon grand oral d'école de commerce, qui venait clore mes quatre années dans l'école, mon stage de fin d'études, et sanctuariser, par sa note, l'obtention de mon diplôme. Je décidai de cacher à l'école la situation et de ne pas demander à décaler la date. Mais ce fut à peu près tout ce que je décidai ce jour-là. Je partis vite voir mes vaches. Guillaume vint à ma rencontre et me dit : « On va se battre, Anne-Cécile, on ne va pas laisser la ferme comme ça. » Oui, nous allions nous battre, parce que de toute manière cette ferme, c'était à l'heure actuelle tout ce qui me restait de mon père et je n'étais pas prête à la laisser partir avec le reste. Je fonçai tête baissée dans le travail et laissai ma mère gérer tout ce à quoi je ne voulais pas toucher. L'enterrement, les invitations, les fleurs. Papa avait toujours voulu être incinéré, parce qu'être mangé par les vers, ce n'était pas trop son truc. On décida de laisser ses cendres reposer à la maison, dans un joli petit coin de jardin, parce que cette maison, après tout, avait été sa passion. On ferait faire une belle plaque de pierre blanche, pour couvrir sa tombe. La journée passa rapidement. On parlait peu, maman et moi. On n'y arrivait pas. On faisait comme on pouvait pour surmonter notre chagrin. J'étais incapable de supporter la moindre tendresse. Ce fut donc l'appel du poissonnier qui interrompit le silence de la soirée. « Oui, monsieur Suzanne ? Madame ? Monsieur a commandé trois homards pour hier, mais il n'est pas venu les récupérer. J'en fais quoi ? » Des homards, pour fêter Sciences Po. Et la bouteille de vin qu'il était allé chercher, qui restait là, sur l'étagère de la cuisine, non débouchée.

Je n'avais jamais mangé de homard. Je n'en mangerais sans doute plus jamais sans penser à lui. Ma mère lui répondit que son mari s'était retrouvé à l'hôpital, qu'il avait dû oublier, qu'elle était désolée. La réalité, elle, aurait été trop douloureuse à affirmer.

Moi, je sentais ma peine, mais, fait nouveau, je la sentais se transformer en rage. En rage de ne pas avoir vu mon père vaincre la mort. En rage de l'avoir vu souffrir, pour rien, pour presque rien. En rage de sauver la ferme, ce qui me donnait une énergie nouvelle pour prouver que les pronostics n'étaient pas tous vrais. Je n'avais jamais éprouvé ce sentiment et, à mesure qu'il montait en moi, au fil des jours qui précédaient les obsèques, je me reconnaissais à peine. Je me faisais peur. L'amour de mon père m'avait jusqu'à présent guidée. Mais lui succédait la colère infinie de l'avoir perdu, d'avoir assisté à son combat vain, si cruel, si atroce. Il ne pouvait avoir été inutile au regard de la souffrance qu'il avait consentie : c'était inacceptable. La seule façon de surmonter cette fureur qui montait, contre la vie, contre le destin, je le pressentais déjà, était de me trouver de nouveaux combats me permettant, par-delà la mort, de l'aimer encore.

Le jour des funérailles passa comme dans un songe. J'allai voir mon père à la morgue, avant la mise en bière. Drôle de coutume… Il reposait là, l'air sévère. Il était tellement amaigri avant de mourir que la mort ne l'avait pas changé, ses joues ne s'étaient pas rétractées davantage. Il était là, mais il lui manquait son sourire, qui ne le quittait jamais, ou presque. Je détournai les yeux rapidement. Ce n'était pas ainsi que j'avais envie de me souvenir de lui, ce n'était pas ainsi que j'avais envie de lui dire au revoir. Lui sans vie, ce n'était que l'ombre de lui-même. Alors on le mit dans son cercueil et on l'emmena au village, pour la cérémonie.

Beaucoup d'amis étaient là. Des personnes que j'avais croisées au détour d'un concours d'équitation, d'un examen… L'église était pleine. Je ne pleurais pas. Une femme me demanda d'ailleurs, interloquée : « Tu ne pleures pas ? » Non, pensai-je, agacée, je ne pleure pas, comme s'il fallait pleurer pour être malheureux. Le maître de cérémonie, ambassadeur local des pompes funèbres, anima la messe comme une fête foraine, avec beaucoup d'agitation et de gestes. Je montai finalement sur scène, pour un discours.

Tout d'abord, merci à vous tous d'être venus. Merci, surtout, à tous ceux, nombreux, qui ont aidé ma famille durant les quatre années de maladie de papa. Vos délicates attentions, vos coups de main, votre amicale présence, auront été pour nous d'un grand soutien. Merci infiniment !

Il y a quatre ans, nous avons appris que papa avait un cancer. Il y a quatre ans, il a serré dans ses bras sa fille en pleurs, et il lui a promis de ne jamais l'abandonner. Cette promesse ne s'est pas révélée facile à tenir.

Je craquai presque, la voix cassant subitement. Monsieur pompes funèbres s'avança, voyant là un retournement pouvant toucher les foules. Il commença à me prendre dans ses bras sur l'estrade. Je l'écartai vivement, affirmant, sans m'en rendre compte, dans le micro : « Laissez-moi tranquille ! » L'église sourit. Je repris.

De fait, pendant ces quatre années, la douleur aura été omniprésente. Papa a énormément souffert. Son courage et son attachement à la vie ne l'auront pas épargné de cette torture de l'âme et du corps. Néanmoins, il a su défier les pronostics, et survivre. Pourquoi ? Par amour pour maman et moi et par amour pour la vie, tout simplement. Papa avait un émerveillement total pour la vie, pour les beautés du monde et pour maman et moi, à qui il témoignait sans cesse son amour. Il aimait de tout cœur le bien et s'est toujours attaché à tendre vers lui. Malgré les blessures reçues, il a toujours aimé son prochain et su pardonner. C'est tout cela à la fois qui l'a aidé à survivre à sa maladie. Papa s'est battu par amour.

Cependant, son corps a trop souffert de la maladie, et malgré sa détermination d'acier, qui ne l'a jamais quitté, papa s'en est allé. Néanmoins, retenez son courage, et son amour pour autrui. Il avait tout compris, car la vie ne vaut la peine d'être vécue que dans l'amour. Tout le reste n'est que poussière. Et parce que l'amour résiste au mystère de la mort, je vais conclure sur ceci : je t'aime, papa, maman t'aime, nous t'aimons, et je sais que, depuis le Ciel, tu seras toujours là, pour nous aimer aussi.

Après la messe, nous partîmes directement pour la crémation.

Elle avait lieu dans la ville voisine, à une heure de route. Je crus entrer dans une salle des fêtes. De grands écrans partout, une musique d'ambiance. Que tout cela paraissait faux, surjoué, surfait ! La mort est si simple, si dure, mais naturelle en elle-même, pourquoi l'habiller ? On enleva les poignées au cercueil – rien ne se perd –, et la crémation débuta, sur une musique de Debussy. Et puis c'était fini. On rentra.

L'après-midi même, le temps était maussade. Il pleuvait, le ciel était sombre. Ma mère m'incita à faire le tour des animaux. « On ne sait jamais ! » Pas de repos pour les braves, pensai-je. J'allai du côté de Bellême. Marchant dans le champ, j'aperçus un homme filant vite le long de la haie, au loin. Me demandant qui osait venir ainsi dans un terrain privé, je m'empressai d'aller à sa rencontre. Mais il m'échappa, disparaissant au détour de la colline. Un instant, je me dis qu'il ressemblait à mon père. Ce fut là que, tournant le regard vers la droite, je découvris le taureau, la tête coincée par les cornes entre deux branches d'un arbre. Il attendait silencieusement que quelqu'un vienne le délivrer. Finalement, ce trajet était effectivement nécessaire…

Partie 3

Des sillons à tracer

Suivre les sillons est une chose, les tracer pour la première fois en est une autre. Cela suppose de choisir, en fonction de l'orientation du terrain et du soleil, la meilleure manière d'implanter le semis, pour que la pousse soit la plus facile possible, le travail du champ aisé, et pour que la récolte à venir soit encore plus prometteuse que par le passé.

Chapitre 10
Sauver ma ferme

Les sillons que je décidai de tracer par la suite partirent dans des directions parfois surprenantes, impensées et même quelques impasses. Mais un sillon demeurait, constant : ma ferme, que j'avais décidé de sauver.

Financer les investissements urgents

C'en était fini de l'omniprésence de la maladie dans notre foyer. Je devais désormais me soigner, à mon tour. Ma mère m'envoya vers une clinique spécialisée dans le traitement des mains. Voyant l'état de mes poignets et leur absence totale de mobilité, ils préconisèrent une opération des deux mains et six mois d'arrêt.

La moitié d'une année. Tout simplement impensable. La ferme avait besoin de moi. Je m'y refusai. Ma mère comprit et me présenta à un kinésithérapeute. Celui-ci accepta d'essayer un traitement, à partir d'ondes de choc, trois fois par semaine. J'acceptai et me rendis ainsi tous les deux jours dans son cabinet. C'était mon moment de repos, entre deux corvées, deux aventures, deux émotions. Il faudrait un an à mes poignets pour parvenir à guérir, un an de torture lorsqu'il fallait saisir un veau avec mes mains dans le ventre de sa mère, actionner une pelle ou une fourche pour fournir leur ration aux animaux, un an de douleur surtout lorsqu'il fallait déboulonner, desserrer, visser, frapper… Mais un an au bout duquel je récupérai l'intégralité de ma faculté à bouger mes mains.

Cette année était ainsi de faible repos le jour. Mais les nuits n'étaient guère mieux. Presque chaque soir, je rêvais de mon père. Mon père vivant et malade, qui se battait. Je retrouvais ce sentiment d'angoisse, de désespoir, que je connaissais si bien, face à la maladie qui progressait. Certaines fois, je revivais sa mort. D'autres fois, je partais avec lui en bateau, sur la rivière en contrebas de la ferme, et il me montrait le ciel.

Systématiquement, je retrouvais néanmoins le bonheur de l'avoir à mes côtés. À chaque réveil, son absence était d'autant plus cruelle. Ces rêves-là ne m'ont jamais quittée.

Malgré ces retrouvailles nocturnes, il me fallait faire face à la réalité. Je tâchai de convaincre les banques de ne pas m'abandonner. Je leur présentai de magnifiques comptes prévisionnels sur Excel. J'y défendais un redressement de la ferme sur six ans, ainsi que l'intérêt économique d'investissements urgents. On me demandait le CV de Guillaume, parce que c'était rassurant qu'un homme travaille sur l'exploitation et ait une expérience agricole. Je me prêtais au jeu, même si j'en détestais les raisons profondes. J'écrivais de longs mails, argumentant autant que je le pouvais.

Malgré tous ces efforts, toutes les banques historiques de mon père me fermèrent leurs portes. Je sollicitais des rendez-vous, où l'on me prenait de haut. Jamais on ne me parla aussi mal qu'à ce moment-là. J'étais frappée par le changement de ton. Étudiante, j'avais vu les banques proposer à mes camarades et moi des conditions de crédit remarquables, nous offrir nos cartes bancaires, nous donner des fonds pour financer nos sorties et nos campagnes lors des élections du bureau des élèves. Là, je les voyais refuser tout financement sans explication, ou encore sous-entendre que jamais je n'arriverais à prendre la relève. Même le comptable s'y mettait. Il refusa la mise en place d'un dispositif fiscal permettant une exonération des frais de succession en cas de transmission d'une entreprise familiale, sous prétexte qu'il m'aurait fallu conserver l'exploitation pendant cinq ans, ce qui était « invraisemblable ». Il m'affirmait que conserver la ferme deux ans relèverait déjà de l'exploit. Je me refusais à croire à tout cela. Je changeai de comptable, j'allai consulter d'autres banques.

Ce fut la première fois, dans mon parcours, où je m'interrogeai sérieusement sur le fait qu'être une femme pouvait, éventuellement, être un défaut. Je n'arrivais pas à inspirer confiance. Pour autant, en me battant pour cette ferme, j'avais l'impression de me battre pour ma propre vie. Alors je ravalais mon orgueil et je frappais à d'autres portes.

Une rencontre me sauva finalement, celle d'une femme justement, conseillère bancaire à la Banque populaire. Elle connaissait mon père, il lui avait expliqué, de son vivant, la situation. Elle ne sembla même pas hésiter. Elle accepta d'étaler ma dette bancaire, non plus sur six mois, mais sur huit ans. Elle consentit deux prêts urgents, pour financer quelques renouvellements de matériels pressants. Et ce fut grâce à ces financements pérennes que je pus sérieusement envisager l'avenir. Les autres banques, je les quittai, refusant de payer ne serait-ce qu'un mois de plus leurs frais.

Très vite, la moisson arriva. Guillaume et moi, nous n'étions pas tout à fait prêts. La moissonneuse n'était pas révisée, je conduisais encore les tracteurs avec beaucoup d'approximation, d'autant plus lorsqu'ils tractaient de grosses bennes chargées. À chaque fois que je prenais la route avec ces engins, je priais pour ne pas avoir à me garer, tant j'en maîtrisais mal les dimensions. Un oncle jardinier de métier, Rémi, vint nous aider ; je lui confiais tant que je pouvais la benne, pour éviter d'avoir un accident.

Nous n'étions pas tout à fait prêts, donc, mais, sans nous demander si nous étions disposés à l'accueillir, la moisson arriva. Moisson que nous devions réussir, car l'argent avait besoin de rentrer.

Réussir la moisson

La moisson est le moment qu'attend tout cultivateur durant l'année entière. C'est le temps de la récompense, après avoir consacré tant d'heures et d'efforts à cultiver. C'est la période où les yeux piquent, sous la poussière et le manque de sommeil. La moisson, c'est l'odeur de la paille fraîche, la lumière qui aveugle en fin de journée. C'est le son des sauterelles, des criquets. C'est le moment où l'on mange des sandwichs, que maman remplissait de tomates, d'œufs, de beurre frais, jusqu'à ce que ça déborde de générosité. C'est le moment où les champs bourdonnent de concert, où l'agriculteur se presse, court, ne peut plus attendre. Tout frémit d'impatience. C'est tout cela à la fois que je découvris en cette année 2014, alors que nous nous élancions dans les champs… Mais la joie ne dura que deux jours. Car ensuite vint la pluie.

C'est toute la difficulté des moissons : le grain doit être récolté bien sec. S'il pleut, toute récolte est stoppée pendant plusieurs jours, le temps que, de nouveau, le grain de blé, d'orge, ou encore la graine de colza, présentent un taux d'humidité acceptable. Si le grain fut mouillé cette année-là, la paille aussi, et plusieurs fois, car la pluie semblait ne pas vouloir s'arrêter. Or, la paille mouillée, cela donne du fumier. Et mettre en ballots du fumier, c'est compliqué.

Je garde ainsi de cette première moisson les souvenirs épuisés d'une course contre le mauvais temps. Nous volions au ciel pluvieux notre récolte, en nous ruant dans les champs à chaque accalmie. Lorsqu'une éclaircie paraissait se maintenir, nous moissonnions, puis, le soir venu, nous pressions la paille et la mettions en tas pour protéger les ballots de ces averses acharnées. Mon estomac se nouait d'épuisement lorsque je tirais du pick-up de la presse à ballots la paille humide collée, qui s'agglomérait régulièrement en bloquant de ce fait le travail de la machine. La nuit tombée, les insectes s'agglutinaient autour des feux des tracteurs, nous attaquant dès qu'on en sortait, piquant le cou, les chevilles, le dos. Souvent, nos journées se terminaient à 4 heures, 5 heures du matin, pour reprendre, afin de nourrir les animaux, tôt le jour suivant. L'atmosphère était particulièrement lourde à la coopérative, où on livrait les céréales récoltées. Et pour cause. À mesure que la pluie tombait, la qualité des céréales baissait, promettant des revenus de plus en plus bas aux agriculteurs. Nous avions de notre côté vraiment besoin d'argent. La pression sur mes épaules n'en était que plus lourde. Et tout cela dura des semaines, d'averse en averse, d'éclaircie en éclaircie, période interminable qui interrogeait sur le moment où, enfin, tout ce labeur serait terminé.

Cela se doubla d'une malchance assez incroyable. On creva un pneu de moissonneuse dans un champ. On écorna une voiture dans le village. Le pire fut lorsque, après trois jours de beau temps, je me décidai à faire le tour des animaux. Nous nous étions imposé un rythme de travail terrible afin de sauver le maximum de notre récolte avant la prochaine pluie. De nouveau, il pleuvait, à verse. Je m'en allai du côté de Corbon, où une rivière, qui avait alors des airs de torrent, coule abondamment. Je découvris qu'une vache était tombée dedans, à un endroit où la berge se trouve très en hauteur. Elle avait dû se rompre le cou. Or, avec la rivière, le courant, la chaleur, la nature avait fait son œuvre rapidement. Sa décomposition avait bien commencé. C'était vraiment répugnant. Saisissant mon téléphone, j'appelai à l'aide à la ferme. Guillaume et Rémi arrivèrent avec le tracteur et de grandes longes. J'attachai les pattes de l'animal tandis que Guillaume, sur la berge, tirait à l'aide du tracteur. Doucement, la vache sortit de la rivière. La vision de ce déplacement, l'odeur qui se dégageait, étaient absolument insupportables. Je réalisai à quel point j'avais été idiote de rester en bas. Je remontai en courant sur la berge, prise de haut-le-cœur. J'appelai dans la foulée l'équarrissage et Guillaume déposa la bête en bord de route, une départementale avec beaucoup de passage. Afin de masquer son piteux état, je recouvris la vache d'une grande bâche, calée sous plusieurs masses, afin d'éviter qu'elle ne s'envole au vent. Au moins ce difficile événement resterait-il à l'abri des regards. C'était compter sans quelque méchanceté. Le lendemain, la bâche avait disparu, les masses aussi. Il ne restait que le pauvre animal, au bord de la route, visible aux yeux de tous. Malchance et méchanceté, donc, tout un programme…

Se projeter vers l'avenir

Si Guillaume, Rémi et moi étions pour le moins assommés par cette moisson catastrophe, je dois dire que les agriculteurs me regardèrent ensuite un peu différemment. Ils m'avaient vue trimer, comme eux, aux plus longues heures de la nuit. Ils m'avaient vue, sans doute pour la première fois, conduire un tracteur. Progressivement, j'étais entrée dans leurs rangs, même si l'originalité de mon parcours, sans aucun enseignement agricole, sans jeunesse passée sur les tracteurs, mais avec la ferme habitude de revenir sans cesse à Paris, me laisserait toujours un peu à l'écart de leur clan. Je devenais, aux yeux des gens, agricultrice. Cela me valut quelques promotions : on commença à me proposer d'acheter du matériel en commun, en intégrant des coopératives d'utilisation du matériel agricole (CUMA). C'était source d'économies, en particulier lorsque le matériel était peu utilisé dans l'année. Je n'hésitai pas.

On commença également à me dire bonjour, à me reconnaître, dans les magasins agricoles. Je ne connaissais personne, mais plusieurs agriculteurs se mirent à se présenter spontanément, dans la queue devant l'atelier du mécanicien. On se mit à me saluer, lorsque je passais en tracteur dans le village, devant des exploitations, ou simplement en me croisant avec un autre engin sur les routes de campagne. Les autres exploitants me pardonnaient même mon anxiété, à côtoyer les fossés lorsque je les croisais en tracteur sur des routes trop étroites : ils se garaient galamment pour que je puisse passer sans trop m'inquiéter.

Au-delà, je pus engager quelques investissements à l'issue de la moisson, pour mieux débuter la saison suivante. On acheta notamment un pulvérisateur d'occasion. Il nous permettrait de soigner les cultures au moment voulu, avec le soin adéquat, sans payer une fortune pour un prestataire qui ne nous convenait plus. On investit aussi dans le réaménagement, car vivre dans la boue, avec des bêtes sur la route à tout moment, était on ne peut plus agaçant. L'empierrement de la cour de la ferme fut le premier chantier. On acheta aussi des piquets, afin de pouvoir sereinement remettre à neuf les clôtures durant l'hiver. J'investis dans une caméra, que j'installai laborieusement moi-même, pour être en mesure de suivre les naissances depuis mon téléphone. Finies, les veilles où de jour comme de nuit, été comme hiver, il fallait traverser la cour toutes les trois heures pour aller voir où en était l'heureux événement !

La trésorerie cessa d'être mise à mal tous les six mois par le remboursement de courts termes : je pus ainsi recruter un second salarié, Quentin, pour aider Guillaume. Ces deux salaires mis bout à bout grevaient la trésorerie fraîchement acquise de l'exploitation, mais je n'avais pas le choix : Guillaume ne pouvait continuer à travailler autant qu'il le faisait. De nombreuses tâches impliquaient également d'être deux, ce qui était de moins en moins compatible avec les nombreuses fois où je devais m'absenter, en particulier pour rejoindre Sciences Po. Je continuai donc à gérer la trésorerie de la ferme à flux tendus, priorisant à chaque instant les dépenses nécessaires, les paiements urgents, structurant les choses de façon à pouvoir m'absenter sereinement, tandis que je débutais une nouvelle page de mon parcours étudiant.

Chapitre 11
Réussir Sciences Po

Intégrer Sciences Po, parvenir à y mener une scolarité normale, était une gageure, alors que la ferme m'appelait de l'autre côté, de façon, semblait-il, inconciliable. Je décidais, en traçant ce sillon, que l'on pouvait être étudiante à Paris et agricultrice, en toute légitimité.

Trouver ma légitimité à Paris

Ma rentrée à Sciences Po arriva rapidement. J'intégrai le master Affaires publiques, antichambre de l'École nationale d'administration.

Contrairement à ce que j'imaginais de l'IEP parisien, que j'avais tant mythifié, je découvrais un microcosme très diversifié par l'origine et le parcours des étudiants. Les bourses accordées permettaient une mixité sociale que je n'avais que très peu connue en école de commerce. Les étudiants étaient toutefois assez homogènes sur quelques caractéristiques clés : un goût pour le débat, les idées, une culture générale très développée, une sagesse incroyable en soirée. Nous passions notre temps à échanger sur l'actualité ou sur le dernier livre qui sortait. Je m'étais toujours estimée assez cultivée. Je découvris que ma culture n'était rien comparée à celle des gens que je côtoyais.

Je tentai, tant bien que mal, de faire bonne figure, mais je dois dire que je me sentais souvent inférieure face à la qualité des étudiants qui m'entouraient. J'étais profondément habitée par un sentiment d'imposture. Il ne fut que renforcé par la découverte de mes notes d'admission. Sciences Po nous proposait en effet d'accéder aux notations que nous avions reçues à l'écrit, puis à l'oral de sélection. L'échelle allait de A (très bon) à D (médiocre). J'avais obtenu un A au dossier, un B à la dissertation. Correct. Mais quelle ne fut pas ma surprise de constater que je n'avais, en fait, aucune note à l'oral. Grégoire, lui, avait été gratifié d'un A. De mon côté, la feuille pleine de gribouillis qui servait de grille de notation alternait entre les A, les B et les C. Mais aucune note globale n'apparaissait. Je ne comprenais pas. Il aurait fallu un A pour être admise, je le savais, car tous les candidats ayant eu deux B n'avaient pas été acceptés. Y avait-il eu erreur ? M'avait-on rattrapée en route pour une raison qui m'échappait ? Je fus, en tout cas, ébranlée. Mais je ne dis rien, à personne. Je rangeai mon dossier là où il devait reposer et tâchai de ne pas me poser davantage de questions. Pour ceux qui me demanderaient, j'avais eu un A à l'oral. Il me fallut néanmoins beaucoup de temps pour me convaincre que je méritais tout de même d'être là.

J'aimais particulièrement le 27 rue Saint-Guillaume. Cette entrée, qu'on surnomme « Péniche », du fait des bancs de bois qui trônent au centre du hall. L'amphithéâtre tout de bois Émile-Boutmy, où, avec mes amis, on se serrait pour tous rentrer sur une rangée… Le jardin, derrière, où l'on rencontrait toujours aux intercours quelqu'un que l'on connaissait : on s'arrêtait, on se disait bonjour, on se mettait en retard, alors que la foule d'étudiants nous bousculait, passant d'un bâtiment à l'autre en traversant les courtes allées de graviers. J'aimais par-dessus tout la bibliothèque qui se trouve en face du 27. C'est là que nous nous retrouvions pour travailler, assidûment, avant de rejoindre le Basile, bar à l'angle de la rue et qui est un grand classique étudiant. Là, nous devisions, des heures durant, et j'apprenais beaucoup, écoutant chacun discuter de l'actualité. Progressivement, j'osai me mêler aux échanges, défendre des positions.

Débattre, je ne l'avais jamais fait. À la maison, ça aurait sans doute été perçu comme de la provocation. Quand on est agriculteur, on ne débat pas, on agit, on teste, on apprend, on en tire des conclusions. On ne se la ramène pas. Contredire, affirmer, argumenter, ça a quelque chose de pédant, c'est parler pour ne rien faire à la fin, c'est penser dans le vent, et ça, ça ne sert à rien. Je dois ainsi beaucoup à mes amis de l'époque, à ce bon vieux Pierre-Alexandre, qui avait toujours des idées décalées, à Grégoire et à Jau, qui m'embarquaient avec eux à ces pots intellos, à Paul, qui comme moi hésitait à se lancer dans les empoignades d'idées. Tous m'ont portée vers ce goût, résolu, de la réflexion à plusieurs, de la confrontation, pour ciseler les idées et les emmener ensuite plus haut, là où la décision se fait.

Contre toute attente, malgré le fossé culturel qui me séparait de l'institution, et ma ferme, qui me ramenait à elle en permanence, mon parcours académique était plutôt bon. Cela devait beaucoup au temps que je passais dans le train entre Paris et la Normandie, qui me permettait de travailler à souhait l'économie, le droit public, ou encore les relations entre la Corée et les États-Unis. Au-delà de mes amis, qui m'entraînaient, Sciences Po me donnait les armes techniques pour affirmer mes propres opinions, mes propres convictions. Art du discours, organisation du raisonnement et de la parole, pour convaincre avec efficacité. Culture générale, fondements de l'histoire de la pensée, pour prendre du recul sur nos certitudes. Les mois passant, je prenais confiance en mes idées, j'osais les affirmer, même lorsqu'elles étaient à contre-courant de ce que mon auditoire pensait – c'était même plutôt bien perçu, tant que ce n'était pas délirant. J'osai ainsi défendre une opinion favorable à l'égard des OGM, et un discours mesuré sur les produits phytosanitaires, ces fameux « pesticides » que tout un chacun décriait sans comprendre que, sans eux, seule une portion congrue de la planète pourrait manger. Si je partais avec un retard certain, je prenais donc progressivement goût à la confrontation des idées, j'adoptais les formulations qui font bien en société, en politique et dans la sphère médiatique.

Doucement, une routine se mettait en place. Je virevoltais entre le Perche et Paris au gré des vêlages, des examens, des exposés. Je me mettais à la course à pied, pour évacuer les quelques tensions qui parfois s'installaient. Je m'appropriais ma nouvelle normalité. Subrepticement, ma première année à Sciences Po, et ma première année à la tête de l'exploitation, prirent fin. Curieusement, je n'avais pas eu le sentiment de décider de ce qu'il m'arrivait. Je survivais et c'était déjà beaucoup.

Partir à la découverte de la sphère publique

En seconde année de master, nous commencions notre scolarité par un stage. Je souhaitais l'effectuer dans la préfecture proche de la ferme, à Alençon, mais on me répondit qu'on ne prenait personne. Je m'éloignai donc un peu, d'une heure, et j'intégrai le cabinet de la préfète de la Sarthe, au Mans. Le cabinet, c'est la cheville ouvrière d'un préfet. Il reçoit les courriers qui lui sont destinés, il coordonne toutes les politiques relevant de ses compétences, de la sécurité à la salubrité publique, du déplacement de personnalités d'État aux visites d'ambassadeurs étrangers.

La préfecture est magnifique. Le vieux bâtiment a été sublimement restauré, et on accède au cabinet de la préfète par un grand escalier de pierre. S'en suit un long couloir, dont la dizaine de bureaux est en permanent fourmillement. On m'installa tout au fond.

Combiner la préfecture et la ferme n'était pas tout à fait facile. Bien sûr, Guillaume gérait au quotidien et Quentin l'aidait. Mais, lorsqu'il y avait des vêlages, j'essayais de rentrer la nuit, pour être là en cas de besoin, car seule maman dormait sur place et Guillaume ne pouvait veiller à tout moment. Et bien sûr, un matin, autour de 5 heures, une vache se mit à vêler. À 6 heures, je compris qu'elle n'y parviendrait pas seule. Je la fouillai et découvris un veau, très mal placé, les fesses venant en premier. Sans intervention humaine, étant donné l'impossibilité du veau de sortir dans cette position, c'est vache et veau qui sont en danger de mort. Il me fallut de longues minutes pour récupérer deux pattes, afin de le tirer hors de sa mère. Il est nécessaire pour cela de tourner le veau dans un sens, dans l'autre, jusqu'à libérer une jambe, puis l'autre, et saisir un sabot, puis le second. Dans cette longue recherche, il faut faire très attention à ne pas abîmer l'utérus de la vache avec un des sabots de son petit. Une fois les deux pattes arrière libérées et le veau remis sur le ventre au sein de sa mère, on peut tirer. À 6 h 30, je sortis ainsi un joli veau du ventre de la vache, par les deux pattes arrière. À 7 heures, j'étais prête à partir vers la préfecture, mais retournai voir ma vache, « au cas où ». J'aperçus alors une seconde paire de sabots à ses fesses, tandis que la vache, de son côté, léchait avidement son premier veau sans se préoccuper de celui qui arrivait. Je me changeai de nouveau, avec empressement, j'attachai une nouvelle fois la mère et j'intervins. À 7 h 30 enfin, le second veau était sorti, bien vivant, mais moi j'étais à présent très en retard. Bien trop en retard pour assister à la réunion qui était prévue avec la préfète quarante-cinq minutes plus tard. Pendant que je fonçais vers Le Mans, maman appela le cabinet pour prévenir. Penaude, je me précipitai sur les routes pour minimiser l'ampleur de mon retard, mais j'arrivai bien après la fin de la réunion. J'osai à peine traverser le couloir, de peur de me faire interpeller et gronder. On m'attendait néanmoins en riant autour du café : « Alors, ces veaux, tu as une photo ? » Soulagée, je fis circuler mon téléphone, sur lequel, par chance, j'avais immortalisé ce beau moment.

Rapidement, je diversifiai mes missions au sein de l'équipe. Peu reluisantes mais malheureusement nécessaires, on me déléguait en partie les expulsions locatives et les hospitalisations d'office. On m'orientait également, et c'était beaucoup plus plaisant, vers l'organisation des visites ministérielles. Et cela tombait bien : nous étions en 2015, Stéphane Le Foll était ministre de l'Agriculture et résidait au Mans. Ses déplacements ruraux en Sarthe étaient donc réguliers et je me réjouissais systématiquement de planifier ses visites d'élevages, de foires ou encore de forêts.

Au bout de quelques semaines, Stéphane Le Foll finit par interroger la préfète sur la personne que j'étais. « Il s'agit d'Anne-Cécile, notre nouvelle stagiaire, lui répondit-elle. Mais elle a la particularité d'être agricultrice, aussi ! » Mon moment était arrivé ! Le ministre me regarda de bas en haut, de haut en bas. Il est vrai qu'en talons, tailleur noir et du haut de mon mètre soixante-cinq, je ne ressemblais pas vraiment au portrait type. « Impossible, répondit-il en détournant son regard vers la préfète, elle n'a pas tout à fait l'air d'en être une. » Je m'offusquai. Je n'avais pas le droit d'être agricultrice et de porter des tailleurs quand je n'avais pas les deux pieds dans mes bottes ? Quel toupet…

Déçue, vexée, je décidai de m'éloigner de ce personnage aux préjugés aussi ancrés que celui de mes banquiers. Les événements devaient m'« aider ».

Car, très vite, ce fut l'horreur à Paris. Attentats au Bataclan et sur les terrasses de la capitale. Les préfets furent sommés de contacter leurs services de renseignement territoriaux. Tout se mit en place à une vitesse impressionnante : fichier national de suivi des personnes réputées dangereuses, mise à jour quotidienne des individus fichés S, traçage de ces jeunes qui partaient vers la Syrie. Tant de nouvelles missions, de nouvelles tâches, que les services de la préfète étaient débordés. J'en profitai pour m'intégrer au dispositif. On me confia la formalisation de certaines fiches. En particulier celles relatives à ces jeunes femmes qui embarquaient leurs enfants, un jour, à la sortie de l'école, et disparaissaient. Les instituteurs étaient nos sources les plus fiables. Ils remontaient des alertes que nous traitions, une à une, pour éviter à ces enfants, et leurs mères, de s'envoler pour l'enfer. La coopération entre préfectures était importante et je découvris, avec une certaine horreur, que le danger était plutôt omniprésent, pour le grand public et pour les proches des personnes endoctrinées. Afin d'arrêter les individus les plus dangereux, nous mobilisions justement les hospitalisations d'office, sur lesquelles j'avais travaillé. Encore fallait-il trouver des médecins volontaires pour se rendre au domicile de ces personnes, supposément armées, pour attester de leur folie présumée.

Tout cela était ardu, exigeant, mais me passionnait. Enfin, j'avais le sentiment d'être d'une quelconque utilité dans ce que je faisais en dehors de la ferme. C'est donc un peu frustrée, avec le sentiment d'abandonner mon poste en cours de mission, que je terminai mon stage et retournai sur les bancs de l'école.

En seconde année, les cours s'orientaient davantage vers la préparation des concours administratifs tels que ceux de l'École nationale d'administration. Entre la ferme et Paris, je dois dire que je ne savais pas vraiment quelle serait mon orientation. Choisissant, comme en première année, mes enseignements en fonction de mon emploi du temps à double localisation, je décidai de suivre, entre autres, le cours de culture générale de Bruno Le Maire. Il était alors candidat à la primaire des Républicains. Ce cours optionnel fut structurant pour mon avenir à double titre.

Il le fut d'abord en termes techniques. Non pas du fait de la qualité de son enseignement, qui sur le fond était somme toute assez banal. Mais du fait de l'incroyable volonté de structuration du raisonnement de cette personne rompue aux débats en tous genres. J'avais choisi de présenter un exposé sur la ruralité. Rien de plus logique, me direz-vous. Le jour venu, j'énonçai une série de faits relatifs au statut de la ruralité au fil du temps. Je soulignai, avec de nombreux exemples à l'appui, à quel point celui-ci est impacté par la vision qu'a la ville de cette zone qui lui échappe. Et je conclus par l'observation simple suivante : la ruralité n'en finissait pas d'échapper à toute prospérité. Cela me valut un huit sur vingt. C'était nul, me dit-il. Et pour cause : j'avais complètement oublié que ce qui nous intéresse dans l'observation de faits et de situations passés est le futur. Ce qui nous intéresse dans la ruralité est ce qu'elle va devenir et ce qu'il faut faire, aujourd'hui et demain, pour lui permettre de prospérer.

Il avait raison. Étudier, c'était bien, mais pour être en mesure ensuite de conjecturer et de proposer. Il me rendit ainsi un fier service pour structurer mon engagement à venir : le soir même, je retirai trois livres supplémentaires à la bibliothèque de l'école et poursuivis mon étude du sujet, mais cette fois-ci afin d'en tirer des pistes de solutions pour ces territoires périphériques que j'aime tant. Ma démarche n'était pas encore formalisée, mais cela viendrait.

Cet enseignement fut également structurant sur le plan sentimental. Mon groupe d'amis, constitué depuis un certain temps, était presque exclusivement composé de garçons. Nous nous étions assez naturellement retrouvés ensemble au cours du futur ministre de l'Économie, et quelques éléments s'étaient ajoutés au petit comité. L'un d'entre eux s'appelait Julien. Il connaissait bien un certain nombre de mes proches, mais je ne l'avais encore jamais côtoyé. Il m'apparaissait particulièrement imbu de sa personne, parlant fort, beaucoup, et surtout ne me saluant jamais lorsque nous étions réunis. M'ignorant parfaitement, il semblait avoir beaucoup de mal à envisager que je sois fréquentable. Je ne le savais pas encore alors, mais notre histoire débutait.

Mes amis d'école eurent, une fois de plus, une part majeure dans le parcours que je me dessinais. Tous, sans exception, préparaient les concours administratifs. J'étais pour ma part assez peu convaincue, mais, prise dans le mouvement, suiveuse plus que déterminée, je me mis à les préparer aussi. Ce fut le début de longues heures en bibliothèque. Ce fut aussi le moment de débats interminables à midi, sur le sort de Taïwan, de l'Europe, des ouvriers ou des fermiers. À mesure que le temps passait, que nos études s'approfondissaient, nous apprenions à avoir un avis sur tout, motivé par des heures de lectures acharnées. J'étudiais avec un intérêt particulier les règles de concurrence européenne, les traités de libre-échange qui avaient été signés, les théories économiques dont ils découlaient. Je lisais avidement l'histoire de France et de ses territoires, ainsi que les rapports qui préconisaient de tout changer à l'agriculture d'aujourd'hui au nom du climat et de l'environnement. C'était passionnant, étayé. Mais c'était aussi dérangeant. Tout se tenait, était intelligent, et pourtant clochait, parce que c'était en partie déconnecté de la réalité. Les territoires ruraux étaient jugés en manque de développement, alors que tous s'y précipitaient le week-end pour y roucouler. L'agriculture française était considérée en déclin, alors qu'elle n'avait jamais autant produit. Tout était abordé sous le prisme soit de l'environnement, soit de l'économie ou encore du droit. Mais la vie n'est pas cela. La vie, c'est conjuguer tous ces enjeux pour arriver à se développer de façon harmonieuse, c'est-à-dire équilibrée. Demander à l'agriculteur de respecter l'environnement sans lui permettre de gagner sa vie, c'est brasser de l'air. Demander aux territoires ruraux de se développer comme la ville, alors qu'on n'y trouve plus d'usines, mais que de plus en plus de citadins viennent y passer du bon temps, c'est leur promettre un enclavement plus important et un déchirement social brutal.

Je découvrais ainsi un fossé gigantesque entre l'image des choses et leur réalité concrète. En particulier, je vivais de plus en plus difficilement les incompréhensions qui pouvaient exister sur l'agriculture, car ces dernières pénalisaient son avancée, son progrès. Au quotidien, je voyais une agriculture dynamique, pourvoyeuse de multiples solutions pour l'alimentation, l'environnement, le développement rural, mais qui se battait inutilement contre des réglementations mal faites, un marché qui déraille, des banquiers qui ne croient qu'à ceux qui ont déjà réussi. Une agriculture qui se bat tant pour cela qu'elle ne pourrait répondre aux injonctions de Paris qu'entre 2 heures et 3 heures du matin, ou au prix d'une liquidation judiciaire par manque de moyens. Ces injonctions ne tombent pas que de Paris vers la ruralité. L'inverse est également vrai. Le fait que j'étudie à Paris ne collait pas bien avec l'image de l'agricultrice à laquelle mes voisins étaient habitués. Évidemment, à leurs yeux, je n'étais pas capable de faire des vêlages, ou de conduire une presse à haute densité. Évidemment, quand un fournisseur venait à la ferme, il me demandait où était le patron. Évidemment, je me la ramenais, à me dire agricultrice, mais qu'est-ce que je faisais vraiment, à la ferme, alors qu'on me voyait rarement dans les champs ? Je réalisais que la France est en réalité faite de clichés, de certitudes mal pensées et que cette situation est à la source de beaucoup de maux à déjouer. Il est également la source de beaucoup de tensions, entre des mondes qui se comprennent mal – celui de Paris, celui de la campagne –, à s'analyser par le prisme de préjugés.

En attendant de pouvoir mieux agir sur les paradoxes que je détectais, je traçais mon chemin. L'année avançait à grands pas. Julien me disait à présent bonjour et entreprenait carrément de me draguer. Il s'asseyait systématiquement à côté de moi à la bibliothèque, m'aidait à comprendre des essais compliqués. Nous étions assez complémentaires dans nos spécialités, lui en questions sociales et droit, moi en économie et culture générale. Nous échangions nos fiches, nos tuyaux, nos numéros. Mais ça s'arrêtait là. J'avais la ferme intention de rester célibataire. Je ne voyais vraiment pas ce qu'il me trouvait et moi je n'avais aucune envie, justement, de lui trouver quoi que ce soit. Après tout, j'avais assez de choses à gérer.

Et il faut avouer que, au fil de ces deux années, la ferme empêchait le déploiement de toute véritable routine.

Chapitre 12
Devenir agricultrice

Sauver la ferme était une chose. Devenir agricultrice en était une autre. Cela supposait de sortir de la situation d'urgence pour assumer définitivement mon nouveau statut, ma nouvelle profession. Je décidai progressivement de le faire, sans adopter tous les codes du métier. Sans donc, véritablement, entrer dans les rangs. Peut-être devenais-je ainsi une mauvaise graine, mais j'étais convaincue de la fertilité du sillon que je choisissais.

Mettre fin à l'urgence

Je tâchais, durant mes études, de passer autour de quatre jours par semaine sur l'exploitation. Les week-ends, pendant les vacances scolaires, en particulier à Noël, Guillaume et Quentin prenaient leurs congés et moi je travaillais à la ferme.

C'est ainsi que je passai Noël 2014 en Normandie, à travailler auprès des animaux plutôt que sur mes devoirs de vacances. Et quel Noël… L'année ne voulut pas se terminer mieux qu'elle avait commencé.

Après la reprise de la ferme, les difficultés de trésorerie, le décès de mon père, la moisson catastrophique, voilà que les animaux se voyaient pris d'un mal inexpliqué. Ils maigrissaient à vue d'œil, en mangeant bien, beaucoup, frénétiquement. Ils étaient vermifugés, vaccinés. Le vétérinaire, que je n'avais pourtant pas les moyens de payer systématiquement, vint à plusieurs reprises, mais ne trouva rien. Il m'assura que ce devait être une maladie réglementée, la bête noire de tout éleveur. Souvent, si l'une d'entre elles est détectée, c'est tout le cheptel qu'on abat. Une épreuve redoutable, dont on se remet rarement tout à fait. Alors il fit des prises de sang, sur les individus fragilisés, sur les animaux en bonne santé aussi, au hasard. On fit tourner tous les tests possibles, mais rien, on ne trouvait rien. En attendant, les choses empiraient.

Début décembre, les bêtes étaient maigres. À Noël, elles étaient mourantes. Je m'évertuais à nourrir à la main, au seau, une à une, les convalescentes, pour les aider à se battre. Je les sortais des lots, les mettais en liberté dans la cour, pour soutenir leur moral et éviter qu'elles ne se fassent bousculer. Je leur donnais de l'herbe, du grain, des granulés, tout ce que je pouvais. Mais à chaque fois ma peine était perdue. Je téléphonais au vétérinaire, qui venait effectuer une prise de sang à l'animal avant sa mort, pour tenter de détecter le mal qui l'affectait. Aucune maladie n'était identifiée.

Le temps des vacances scolaires donc, plus de vingt bêtes moururent. Je ne pouvais plus monter sous le hangar sans qu'une angoisse me prenne. Le matin, je tardais à finir mon café pour retarder le moment où, encore, j'aurais un cadavre à tirer. Ces corps aux grands yeux ouverts, ces bêtes qui n'avaient pas mérité de mourir ainsi. C'était la goutte d'eau qui faisait déborder le torrent d'épreuves de cette année à oublier. Je n'en pouvais plus. Malgré tous les efforts, les petites victoires, le souvenir de mon père, je me promettais, ce Noël-là, qu'au prochain coup du sort je saurais concéder au destin sa victoire et que j'abandonnerais la ferme, pour ne pas moi-même tomber malade.

Mais le prochain coup du sort ne vint pas. À sa place, une vétérinaire, remplaçant son confrère en vacances, vint inspecter le bovin mourant suivant. En étudiant la bête, elle eut une idée. Prélevant des selles, elle les passa à l'analyse. Et la découverte fut là. Un parasite, qui avait presque disparu de France, habitait mes animaux : le paramphistome. Il mangeait à leur place, trouant leurs intestins de son avidité. Un nuisible, vivant sous terre l'hiver, remontant à la surface au printemps, contre lequel il n'existe aucun médicament. À force de vermifuger le troupeau, sans l'atteindre lui, une sélection s'était faite, lui laissant tout l'espace pour proliférer dans les prés. Heureusement, une solution émergea : un vermifuge auquel ce parasite était sensible, à condition qu'on double ou triple la dose homologuée. Le vétérinaire m'assura que cette dose de choc ne ferait aucun mal aux animaux. Tout le troupeau y eut donc droit. Mon soulagement était grand : ce n'était pas une maladie réglementée et l'effet du médicament fut immédiat, le cheptel se rétablissant avec une promptitude étonnante. La mort était derrière nous, pour cette fois.

Accepter la mort, qui va avec la vie

Tout cela ne m'avait pas laissée indemne. La mort, cette année-là, je ne l'avais que trop vue. Cette mort affreuse, qui sent fort, qui vide les yeux de la vie qui les anime. La reprise en main de cette ferme était définitivement une reconnexion à mon père. Mais c'était aussi une connexion à la vie, à la mort, à la beauté, à la laideur, à la dureté. Une rencontre avec la nature, en réalité.

Cette nature que je découvrais si contrastée. Lorsque, petite, j'en profitais avec mon père le week-end, à travers champs, je m'émerveillais. Il me montrait du doigt un faisan qui s'en va, un arbre qui grandit, un papillon qui s'envole. Il m'apprenait à respecter la vache qui pâture, la couleuvre qui prend peur, la terre qui nous nourrit. Il s'enthousiasmait tant que, pour moi aussi, la nature semblait se parer de magie. Je m'inventais des vies de princesse au milieu des arbres, de Jeanne d'Arc surgissant des buissons, de sorcière aux potions capables de transformer les chenilles en papillons. Il ne me montra pas la destruction, la dureté du chevreuil qui perd la vie, de l'arbre qui tombe sous l'orage, de la libellule qui, la journée passée, s'endort à jamais. Il ne me dit que fort tard à quel point la larve qui consume la chair, la décadence et l'enfer étaient des choses qui le tenaient en horreur.

Et pourtant. Je découvrais, au début de mon parcours d'agricultrice, à quel point la mort est consubstantielle à la vie, à quel point la douleur fait partie de l'effort de naître, de grandir, de mûrir, de guérir. On a beau détester la noirceur, on est obligé, avec la nature, de composer avec elle. La refuser, c'est refuser de vivre et de faire vivre. Refuser le labeur, la souffrance, c'est refuser d'être agriculteur, celui qui fait naître la vie dans les prés et au creux de la terre.

On peut cependant tâcher d'en limiter la dureté. Un souvenir me revient. Il faisait un froid piquant. La glaise collait à mes bottes, lestant progressivement mes pieds d'une charge qu'ils peinaient à porter. Je grognais un peu, mais pas trop, car je savais que mes plaintes seraient mal accueillies. Mon père était devant, fusil en main. Nos deux chiens, Apollon et Mandoline, couraient devant, le nez au ras du sol, la queue dressée, et nous jetaient régulièrement des regards emplis d'adoration et d'excitation. Le braque allemand s'arrêta subitement, la patte arrière suspendue en l'air. La chienne, une golden retriever en surpoids, compris que son compagnon avait trouvé un gibier. Loin de respecter l'immobilité religieuse du braque, elle s'engouffra dans le bosquet. En sortit un sanglier. Mon père le mit en joue, s'apprêtant à tirer. L'animal fit quelques mètres, mais n'était pas seul. Deux petits, de quelques semaines, le suivaient dans sa trace. Surprenant à cette époque de l'année. Le fusil s'abaissa. Des sangliers, il y en avait certes trop. Mais tuer la mère, c'était tuer ses petits, promis à une mort lente et douloureuse, eux. On peut se résoudre à beaucoup de choses avec les animaux, me dit mon père, mais pas à la cruauté. Nous rentrâmes, les pieds pleins de terre.

Cette terre d'ailleurs, au fil de ma reprise de la ferme, je me l'appropriais. Je passais d'un instinct de préservation à un désir de fructification. Si elle était belle, elle devait également nourrir. Nourrir les animaux, nourrir les hommes. Je ne marchais plus sur elle en me contentant de l'admirer, je l'étudiais, je contrôlais sa qualité, je travaillais, avec Guillaume, à l'enrichir. Grâce au fumier des animaux, nous étions en mesure de lui donner la matière organique dont elle avait besoin. Mais il fallait également lui donner quelques minéraux. Mon père, déjà, travaillait la terre en rotations longues, en raison de la présence des animaux d'élevage, qui avaient besoin de nourriture l'hiver. Colza, blé, orge, maïs se succédaient d'année en année, évitant les pièges de la monoculture. Nous ajoutions du trèfle violet, qui apportait des protéines aux rations des animaux. Le sol fut préparé avec soin par Guillaume, les cultures suivies avec attention et, progressivement, la moisson de 2015 ne s'annonça pas trop mauvaise.

Gagner de l'argent

Il me restait à créer de la valeur ajoutée au sein de l'exploitation. Le label bio, c'était compliqué, car cela supposait entre autres de nourrir les animaux avec des céréales ou légumineuses bio. Un luxe impossible. Alors je me rabattis sur le Label rouge. Des commerciaux vinrent me vendre les bénéfices des filières qualité. Et effectivement, cela tombait sous le sens.

J'élevais, et j'élève d'ailleurs toujours, mes animaux en groupes et en plein air. L'herbe constitue un élément dominant de la ration, complétée l'hiver, alors que la pousse de l'herbe est stoppée, de céréales produites sur la ferme et de foin récolté au printemps. Ils ne reçoivent jamais d'antibiotiques de leur vie, sauf nécessité exceptionnelle, et ils sont toujours traités de façon respectueuse. L'entrée dans un label de qualité paraissait donc une évidence afin d'officialiser cet élevage haut de gamme, qui est en réalité très commun chez les éleveurs de bovins français. J'ai intégré successivement deux certifications : le Label rouge et le label Bœuf fermier du Maine, adhérant à la filière Bleu Blanc Cœur. À chaque fois, la même conclusion désastreuse.

Ces labels possèdent un cahier des charges similaire. Ils imposent d'élever les animaux en plein air un minimum de mois de l'année, de les faire naître plutôt que de les acheter à d'autres éleveurs juste pour les engraisser. Ils obligent également à un minimum de bien-être animal. Jusque-là, tout va bien, rien qui ne remette en cause la haute vision qu'a l'agriculture traditionnelle d'elle-même. Mais un détail chagrine. Afin d'intégrer le label, il faut enrichir la ration des animaux, pour que la viande contienne des oméga 3. Comment ? Naturellement, l'éleveur pourrait le faire avec du lin, qu'il produirait ou achèterait en vrac et qu'il pourrait distribuer en quantité aux animaux. Il serait également envisageable d'ajouter de l'huile de colza, ou de lin, dans l'alimentation. Ce serait coûteux, mais possible. Ce n'était toutefois pas la solution imposée par les interlocuteurs à qui j'ai eu affaire.

On m'expliqua qu'un éleveur souhaitant être labellisé devait acheter un aliment certifié riche en oméga 3, à un prix très élevé. J'essayai. Mais je découvris que, aux quantités prescrites, cet aliment doit être dispensé en grandes proportions dans la ration des animaux, m'obligeant à m'en faire livrer régulièrement dans la cour de la ferme. J'avais l'impression de régresser. Fini, l'aliment fermier. Finis, les champs de trèfle et de luzerne pour obtenir une autonomie alimentaire dans l'exploitation. Je m'en remettais aux industriels, pour en devenir complètement dépendante, à coups de poids lourds entiers. Cette dépendance se traduisait en termes financiers directs. Ma trésorerie en souffrait.

Certes, les animaux étaient payés plus cher, quand je les vendais. Lorsque l'animal en filière de qualité quitte la ferme, l'éleveur pense le vendre en fonction d'une grille de prix définie. Cette grille le rémunère en moyenne 40 à 50 centimes de plus au kilogramme. Par exemple, une vache vendue à 4,60 euros le kilo en filière classique trouvera preneur à 5 euros en label, soit un prix passant de

2 300 à 2 500 euros pour un animal de 500 kilogrammes. Cependant, l'équation n'était pas si simple.

Entre les coûts d'alimentation et le prix qui m'était payé, la soustraction était rapidement faite. Je ne gagnais rien, ou plutôt je perdais de l'argent, à être inscrite en label. En réalité, je découvrais que le prix fixé dépend énormément de l'état de la filière. Si cette dernière est bouchée, ce qui arrive très régulièrement, car la consommation de viande de qualité tend à baisser en France au profit du steak haché, un certain nombre de variables permettront aisément de trouver un prétexte pour déclasser le produit : calibrage, couleur, poids… De cette décision, seul l'acheteur est maître, bien après la livraison de l'animal à l'abattoir. Le producteur est bien sûr en droit de protester, mais quel est son pouvoir en présence de produits périssables ? Dans l'incapacité, en marché oligo –, voire monopolistique, de trouver un acheteur alternatif alors que les denrées ont déjà quitté la ferme depuis plusieurs jours, il ne peut que subir la sanction. Il devient ainsi de facto la seule variable d'ajustement de l'état du marché. In fine, le risque de marché demeure porté par le producteur, qu'on enferme dans des coûts certains pour une profitabilité incertaine. J'abandonnai donc toute labellisation un an après avoir intégré le dispositif.

Créer des ponts avec le consommateur

Je ne jetai toutefois pas les armes et tentai la vente directe. C'était un tout autre combat. Il fallait trouver un abattoir volontaire, organiser le transport de la bête, identifier ensuite un prestataire capable d'en réaliser la découpe, puis planifier le retour réfrigéré de la viande ainsi obtenue. Il fallait également prévoir le sort des pièces qui ne suscitaient pas l'intérêt des consommateurs (les jarrets, les pièces à pot-au-feu…), transformer la viande en plats préparés, stocker les pots, les étiquettes. La vente directe me demandait donc d'alterner entre le métier d'agricultrice et celui de commerciale, de vendeuse et de designeuse, en plus de mon travail d'étudiante.

Mais cette polyvalence me plaisait. C'était agréable, d'avoir affaire aux « vrais gens », ceux qui mangent notre production. Ils me félicitaient pour la qualité des produits, revenaient à la charge après avoir goûté, me poussaient à m'améliorer.

Quelle différence, face aux acheteurs qui venaient dans la ferme pour le compte des abattoirs et qui se faisaient supplier d'accepter la marchandise ! J'y trouvais une satisfaction incroyable. Je m'inscrivis sur plusieurs marchés de proximité, à Mortagne-au-Perche, à Boissy-Maugis. J'élargissai la gamme des produits, passant de la viande en paquets à la sauce bolognaise, puis aux terrines pour l'apéritif. Naturellement, j'étais loin de vendre tous mes animaux de cette façon, mais je commercialisais une bête de temps en temps, et cela me rapportait en moyenne autour de trois cents euros de plus par animal.

Cette lutte résolue pour financer la partie élevage de mon exploitation découlait du fait que mon cœur m'emmenait toujours plus vers les animaux. Assez naturellement, les tâches eurent ainsi tendance à se répartir entre Guillaume et moi, lui décidant de la stratégie à appliquer aux cultures et moi me focalisant essentiellement sur celle à adopter pour le troupeau. Les bêtes ont ceci de passionnant qu'elles ont toujours une surprise à nous faire, quelque chose à nous apprendre.

Chapitre 13
Être éleveuse, avant tout

Élever des animaux et semer des graines relève de la même ambition : faire advenir la vie et en admirer le développement. Seulement, avec les vaches, le sillon part toujours un peu de travers, tant elles aiment surprendre par leurs facéties et leur intelligence.

Admirer la tendresse d'Infusion

Chaque année, quelques vaches ont des ruptures de lait. Les veaux se désintéressent alors d'elles. Ils cherchent leur pitance ailleurs, c'est-à-dire auprès d'autres vaches. Ce n'est jamais une situation bénéfique, car les vaches volées n'ont plus assez de lait pour leur propre veau, et le petit en mal de nourriture finit systématiquement affaibli, voire malade. Alice, qui m'avait déjà prodigué tant de conseils, m'incita à acheter une vache de race normande. Les normandes sont des vaches laitières, à l'inverse de mes vaches. Elles n'élèvent généralement pas de veau. Celui-ci leur est enlevé à la naissance pour que leur lait puisse servir à nourrir les hommes. Avec ses mamelles bien pleines et son lait de grande qualité, la normande est capable de subvenir aux besoins de deux à trois veaux. J'en achetai donc une, auprès d'un éleveur laitier : Infusion. Du haut de ses huit ans, elle commençait à vieillir et à avoir quelques mamelles pendantes. Il me la laissa à bon prix, sous réserve d'en prendre soin. Durant sa carrière de vache laitière, elle avait donc côtoyé beaucoup d'humains et d'autres vaches, mais presque aucun veau et, le cas échéant, pas plus de quelques heures. Je m'attendais à ce qu'elle soit assez indifférente aux petits qu'on lui mettrait au pis, et bien plus proche de l'homme qui la nourrit.

Quelle ne fut pas ma surprise de constater qu'Infusion était très indifférente à l'homme. Aujourd'hui encore, elle n'aime pas être caressée et si elle s'approche au moment du repas, si elle meugle avec force quand elle estime ne pas être servie suffisamment vite le matin, c'est toujours avec un dédain assez significatif pour son pourvoyeur. En revanche, son attitude vis-à-vis des veaux que je lui ai demandé d'adopter a toujours été on ne peut plus intéressée. La première fois, en les voyant, elle se mit à les appeler, avec ce meuglement faible mais long, caractéristique des jeunes mères qui viennent de vêler. Elle les accueillit avec joie à ses mamelles pleines, visiblement soulagée que le lait quitte enfin ses trayons, tout en entreprenant gaiement de les lécher un à un. Depuis, Infusion est encore parmi nous, avec sa tendresse irremplaçable. À chaque fois qu'un veau la quitte, parce que devenu grand, elle l'appelle pendant plusieurs jours. Et à chaque fois qu'un veau la rejoint, elle en prend de nouveau le plus grand soin. Les veaux d'Infusion sont ainsi tous particulièrement propres et gais, gras et soyeux, un privilège que n'ont pas tous les veaux demeurant auprès de leur vraie maman !

Garder Pâquerette

Au fil du temps, je me suis particulièrement attachée à quelques vaches. Bien sûr, certaines sont plus attendrissantes que d'autres, parce qu'elles cherchent le contact humain. Celles-ci viennent me voir dès qu'elles m'aperçoivent, non pour manger, mais pour se faire caresser ; elles n'imagineraient jamais me donner un coup de corne ni me bousculer. Elles me connaissent tellement bien que, même lorsque je fais mine de m'énerver pour les faire avancer plus vite alors qu'elles souhaitent brouter, elles me regardent superbement, manifestant leur volonté que je cesse ces gesticulations en attendant qu'elles aient fini leur bouchée. Typiquement, ces vaches chercheront mon aide au moment de mettre bas. Un jour, l'une d'entre elles, Praline, alors âgée de cinq ans, vint même me voir au beau milieu de son vêlage. Une fois mon attention acquise, elle me tourna tout simplement le dos, exposant ses fesses d'où sortaient deux pattes, et se coucha là, à mes pieds. L'ordre était simple : « Maintenant, aide-moi. » Je m'exécutai, sans même l'attacher. C'est une belle petite femelle qui pointa finalement le bout de son nez.

Certaines sont plus indépendantes et ne souhaitent pas être caressées, ni même touchées, telle Infusion justement. Elles m'ignorent et m'évitent parfois, lorsqu'elles souhaitent être seules, notamment pour leur vêlage. Je ne peux pas dire que nous sommes amies. Nous tissons néanmoins un véritable partenariat tacite, une relation fondée sur la confiance. Elles acceptent mon aide, lorsque je la leur propose et qu'elle est utile. Elles suivent mon pas l'hiver, quand il faut rejoindre le parc d'embarquement pour revenir à l'étable.

Chacune de mes vaches a ainsi sa personnalité, ses préférences, ses amis et ses ennemis au sein du troupeau. Certaines se haïssent et s'entretueraient si elles logeaient dans le même pré. D'autres ne se quittent pas. Il y a aussi des humains qu'elles n'aiment pas, au premier regard, et d'autres auxquels elles offrent leur confiance immédiatement. Elles ont une âme, une sensibilité, absolument indéniable. J'ai en cela une responsabilité immense : celle de les faire vivre de la meilleure manière, de façon à les rendre heureuses et de les maintenir en bonne santé. De façon, également, à leur éviter toute souffrance ou tout mal-être inutile.

Et puis il y a eu Pâquerette. C'était une belle vache, aux deux cornes fièrement recourbées sur le front. Elle était adorable, se dirigeant vers moi dès que j'entrais dans le champ, produisant une diversité de sons remarquables. Elle aimait particulièrement les gratouilles sur le haut du dos, entre les deux omoplates. Elle se dandinait de plaisir lorsqu'on approchait de cette zone. Je m'amusais beaucoup à la caresser lorsque son petit était à proximité. Il me regardait, interloqué devant tant de familiarité, puis finissait par relativiser et se rapprocher de moi pour téter sa mère. Quand on apportait un seau, elle se mettait à légèrement grogner et baver, savourant par avance ce dont elle allait se délecter. Elle était une des grandes cheffes du troupeau, mais partageait ses brins d'herbe avec une autre vache, à côté de laquelle on était toujours sûr de la retrouver lorsqu'on passait visiter les champs. Elles se ressemblaient d'ailleurs beaucoup, toutes les deux. Mais Pâquerette avait une intelligence propre qui la distinguait des autres.

Pour autant, elle vieillissait. À treize ans, ses pattes ne la portaient plus si bien qu'avant. Cela faisait plusieurs mois qu'elle aurait dû mettre bas, mais aucun veau ne se profilait. Tout éleveur sait alors quoi faire. D'autres générations arrivent, il est impossible de garder l'ensemble de ses animaux, surtout quand ils deviennent source de soins constants, sans plus pouvoir porter de veau. Alors je me résolus. Elle quitta son champ lointain pour rejoindre ceux proches de la ferme, premier pas vers l'abattoir. Je commençai à la nourrir un peu plus, à lui donner du maïs, du blé, et du foin à volonté, afin qu'elle prenne un peu de poids avant de quitter la ferme. J'allais la voir tous les matins avec mes seaux dans le pré, et elle courait à moi pour prendre son petit-déjeuner. J'en profitais toujours pour lui caresser le dos, entre les deux omoplates, là où elle aimait tant. Et les matins filaient ainsi… Jusqu'à ce que Pâquerette prenne de l'embonpoint. Je voyais l'heure de son départ approcher. J'y pensais la nuit. J'y pensais le matin, en montant la voir. J'y pensais trop en réalité. Alors la décision fut prise. Quelques jours plus tard, elle retournait là où je l'avais enlevée, retrouvant son champ et la vache dont elle ne se séparait jamais.

Pâquerette est restée jusqu'à sa belle mort dans l'exploitation. Je dois dire qu'au début j'étais honteuse de ma faiblesse, la vie d'éleveur étant aussi faite de ces tristesses, qu'il faut savoir assumer pour continuer à exercer son métier. Je n'en parlai donc d'abord à personne. Pourtant, un soir, un éleveur m'avoua, un peu gêné, avoir une vache dont il ne parvenait pas à se séparer, parce qu'il s'y était attaché. Elle tondait son jardin, tenait compagnie aux nouvelles générations de génisses… Brisant le secret, je commençai à échanger sur le sujet de temps en temps auprès d'autres agriculteurs.

Presque tous mes interlocuteurs partageaient ma faiblesse et conservaient une ou deux vaches qui ne leur étaient pourtant d'aucune utilité « économique ». Comme quoi, l'amitié entre les éleveurs et leurs animaux dépasse parfois largement une relation de mutuel intérêt.

Savoir donner la mort pour accueillir la vie

Les relations avec les vaches peuvent aussi relever du jeu de dupes. Et je dois dire que, plus d'une fois, ce sont elles qui ont gagné. Un jour notamment, je surveillais une naissance au pré. Or, comme la fois où, de nuit, je ne retrouvais pas la fameuse vache qui avait vêlé dans la réserve de paille, cette fois encore, la future maman se révélait introuvable. Une fois, deux fois, trois fois, je fis le tour du pré. Jusqu'à la quatrième inspection, où, enfin, je vis dépasser deux oreilles d'un amas de ronces au creux d'un dénivelé. La vache, pour se cacher, s'était faufilée au milieu des épines et c'est en leur sein qu'elle comptait délivrer son nouveau-né. Mais rien ne sortait. Je m'approchai, mais, se voyant débusquée, elle courut à l'autre bout du pré. Plusieurs fois encore, j'essayai de l'attraper. En vain. Je crois que jamais je ne fis autant le tour du pré la même journée. Je revins à la maison pour midi, en pleurs. La vache, j'en étais persuadée, allait mourir. Le veau, lui, devait déjà être mort depuis longtemps. Touchant à peine à mon repas, j'en étais absolument malade.

Guillaume me réconforta. On allait, me dit-il, y aller à deux, avec le tracteur, pour tenter de l'attraper. Nous prîmes ainsi cordes, bâtons et vêleuse, puis nous partîmes tâcher d'achever ce que j'avais commencé. Une fois au champ, je montai dans la fourche et, Guillaume aux commandes, on entreprit d'attraper à la corde la bête récalcitrante. Nous voyant ainsi débarquer, la vache fila vers le parc, toute seule, en courant, jusqu'au couloir de contention. Je n'en croyais pas mes yeux. Il ne nous restait plus qu'à fermer la barrière. Mais le miracle ne s'arrêta pas là : alors que Guillaume attachait la vache essoufflée, je sortis de son ventre un magnifique veau en pleine forme, les yeux grands ouverts.

Mon amour de l'élevage venait ainsi de mon besoin de défendre la vie. Il n'était en aucun cas incompatible avec la mort, planifiée, de mes animaux. Car oui, dès le départ, je sais que je les enverrai à l'abattoir. Cela peut paraître paradoxal.

Mais ce n'est qu'une illustration de plus de ce dur équilibre de la nature, où, pour accueillir de la vie, il faut de la mort, une mort où le respect a sa place.

J'ai considéré, dès mes débuts, l'élevage comme un mode de vie avec et, en partie, pour les animaux. Cela suppose de consacrer des journées entières à mes troupeaux, à leur assurer de bonnes conditions de vie, à les faire naître et à les soigner. De lutter de toutes mes forces contre leur mortalité, de leur assurer un soin constant et d'avoir un profond respect pour l'individualité de chacun de mes deux cent quarante animaux. Ils sont mes compagnons de vie et de douleur. Je sais qu'à la fin ces animaux doivent mourir, car leur finalité aura toujours été d'être mangés, dès le moment où ils sont nés. Mais mon rôle est de les rendre heureux au passage, en courant dans les prés, en vivant en troupeau et en ne souffrant jamais, en particulier lors de leur mort.

Pourtant, à force d'envisager la mort comme un tabou, à force d'éloigner les abattoirs des villes, la tendance est à l'envisager comme quelque chose d'inacceptable, de contre-nature. C'est bien s'éloigner de ladite nature que d'en arriver à une telle conclusion. Qui serions-nous pour affirmer que, parce que la mort l'attend au tournant, un animal d'élevage n'a pas le droit de vivre ? Oser affirmer cela, ce serait ensuite arriver aux pires extrémités, car notre destin à tous est de mourir, mais il ne faut pas entre-temps s'interdire de vivre. Pour les animaux d'élevage, pas de vie sans mort, pas de vie sans leur éleveur.

Chapitre 14
M'engager

S'engager suppose de bien vouloir choisir une direction, quitte à s'abîmer, éventuellement, au passage. C'est un risque à prendre, pour avoir le loisir de tracer son sillon et d'y trouver au passage quelques petits et grands bonheurs.

Bien vouloir aimer

À la ferme, tout vit : les animaux, les champs aussi. Notre troisième moisson arriva finalement. Il faisait chaud. Je préparais le concours de l'École nationale d'administration, qui devait avoir lieu en août. Julien aussi. Il avait ainsi une bonne excuse pour me rejoindre en Normandie. Nous flirtions, mais rien de bien sérieux. Nous travaillions, beaucoup. Je ne parvenais toutefois pas à me concentrer complètement. Au loin, les moissonneuses ronronnaient et je ne pouvais pas participer. Les bottes de paille se faisaient, sans moi. Je le vivais comme une punition. Alors j'allais voir mes vaches, mes prairies, plus que je ne révisais. Le résultat fut celui que l'on devait attendre : mes vaches furent choyées tout l'été, mais je n'eus pas l'ENA. Julien réussit à aller jusqu'aux oraux d'admission, sans plus de succès ensuite. Nous nous retrouvions tous les deux en recherche de travail, mais, lui, recherchait surtout activement à faire évoluer notre relation. Nous flirtions toujours davantage, mais mon envie de liberté était telle que je ne cessais de mettre fin à notre relation. Je l'éloignais par tous les moyens possibles, et il revenait à la charge.

Eut enfin lieu la cérémonie de remise des diplômes, à la Maison de la radio. Maman monta à Paris pour l'occasion. Nous étions tous fiers comme des paons. La salle était immense, le protocole assez pompeux, tout cela était émouvant. Mais, en réalité, nous nous ennuyions copieusement. Le classement étant par ordre alphabétique, je me retrouvai éloignée de mes amis, à écouter des discours qui n'en finissaient pas. Celui de

Najat Vallaud-Belkacem en particulier me parut complètement décalé. Elle parla des frivolités du monde étudiant. Combien Sciences Po lui rappelait la fête. Combien la bibliothèque du 27 rue Saint-Guillaume lui rappelait son mari, car c'était là qu'ils s'étaient embrassés pour la première fois. J'avais envie de rire. Avions-nous l'air si enfants pour qu'elle ne nous dise pas plutôt à quel point, dans le monde qui venait, nous devrions continuer à apprendre à penser, inlassablement ? À quel point ce diplôme ne signifiait rien, sinon que jamais nous ne devions nous considérer suffisamment éduqués pour tout savoir, tout vouloir ? Mes camarades semblaient tout aussi désemparés face à cette tirade qui ne parlait à personne. Ce fut finalement l'heure, à mon grand soulagement, des passages sur scène, moment mythique où nous recevions nos diplômes. Il passa en réalité très vite et je ne me préoccupai que de deux choses : ne pas coincer mes talons aiguilles dans les petits trous présents sur la scène et ne pas tomber en montant les marches de l'escalier. Maman était fière. Papa me manquait.

Ensuite vint le gala.

J'enfilai une robe rouge en dentelles. Tout le monde était parfaitement habillé pour l'occasion.

La soirée commença de façon épique, par un blocus d'étudiants d'extrême gauche devant le bâtiment. Des poubelles avaient été installées pour nous barrer l'accès, ainsi qu'à l'intervenant : le ministre de l'Économie, murmurait-on – Emmanuel Macron. À mon arrivée, j'échangeai quelques mots avec les manifestants. Ils me lancèrent : « Vous n'avez rien connu, mais pourtant c'est vous les diplômés, avec votre cuillère en argent dans la bouche, vos belles robes, votre champagne à volonté. » Ils m'agaçaient. Les clichés décidément avaient la peau dure en France. Tout ça parce qu'on était tous bien habillés, parce qu'on était diplômés. Les beaux vêtements et les diplômes ne protègent pas de tout dans la vie, pensais-je.

Je forçai le passage et m'engouffrai, entre deux gardes supposés trier les invités, dans la salle hautement décorée. Mes amis étaient tous là. Julien y compris. Ce dernier s'anima en me voyant, allant immédiatement me chercher une coupe de champagne pour trinquer. Je la saisis en le remerciant, un peu gênée qu'il me témoigne ainsi son attention, devant tous nos amis. Alors que nous levions nos verres toutefois, je me fis brusquement bousculer. Tombant à la renverse, je me rattrapai sur Julien, heurtant sa coupe, qui se déversa intégralement sur sa chemise bien repassée. La soirée commençait bien. Je me confondis en excuses. Tout le monde rit, sauf nous. Je lui promis d'aller lui en chercher une autre. Il me répondit qu'il ne m'en voulait pas, que ce n'était pas grave. Mais il était temps de s'installer à table, le discours allait commencer.

Un petit homme traversa en effet la salle peu de temps après. Il s'agissait bien du ministre de l'Économie. Au pupitre, sa voix était calme, trop posée, trop monocorde. Elle peinait à fixer notre attention. Le discours était long. Très vite, on se mit à papoter, le laissant continuer à orchestrer le bruit de fond, sans davantage y prêter attention. Définitivement, Emmanuel Macron avait encore quelques progrès à faire avant la présidentielle... Le repas terminé, on commença à danser. J'avoue ne pas être restée trop longtemps, j'étais fatiguée. Avant de partir, j'apportai néanmoins une nouvelle coupe à Julien, pour me faire pardonner. Il en profita pour saisir ma main et m'inviter à danser. Je m'exécutai, un peu interloquée, le temps d'une danse. Et puis je m'en allai, furtivement, sans trop me montrer.

Le lendemain, j'allai voir Julien chez lui, rue de Sèvres. J'aimais cette rue, qui alterne entre beaux magasins et bistrots discrets. La foule est toujours importante ici. Le quartier frémit sans cesse. Je l'avais arpenté de nombreuses fois, pour me promener au Bon Marché, boire un verre avec d'autres étudiants. Il y a un petit parc, où on se retrouvait souvent, à la sortie du métro Sèvres-Babylone, pour manger rapidement au vert ou faire le chemin ensemble jusqu'aux salles de cours. Ce petit parc, je ne peux y retourner sans penser à tous ces moments. À l'époque, il me rappelait ma ferme – pourtant, seuls quelques arbres s'y battent en duel !

L'appartement de Julien se situait juste derrière un bistrot, où d'ailleurs je ne suis jamais allée. Je grimpai l'escalier. Julien m'ouvrit la porte. Il avait l'air très sérieux. Tout en m'offrant un café, il me demanda de m'asseoir. Un peu rigide, j'obtempérai. Je lui demandai ce qui se passait. Il me regarda, un temps silencieux. « Je t'aime, Anne-Cécile. Je ferais tout pour toi. Je t'aime depuis le début, et je ne peux plus faire comme si je pouvais vivre autrement qu'avec toi. » Je l'arrêtai.

Je n'étais pas prête à la moindre sentimentalité. J'avais vraiment l'impression que, si j'entrouvrais une porte aux sentiments, ils m'étoufferaient complètement, que ça libérerait le raz-de-marée qui m'habitait. Je ne voulais pas qu'il me dise tout cela, je ne voulais pas l'entendre, je ne voulais surtout pas me rendre vulnérable. Alors je l'arrêtai, en lui disant que je n'étais pas prête, qu'il valait mieux qu'il fasse sa vie ailleurs. Je lui avais déjà dit cela tant de fois, ça avait toujours marché, il patientait. Mais, cette fois, Julien changea de ton. « Dans ce cas-là, je ne veux plus te voir, jamais, car ça me serait insupportable. Je ne veux plus te parler. Je ne veux plus que tu me parles. Je dois faire ma vie sans toi, car te garder près de moi sans pouvoir t'aimer sera vraiment insupportable et je ne saurai pas avancer. Tu connais la sortie… »

Je partis, un peu sonnée. C'était un rebondissement auquel je ne m'attendais pas. J'aurais dû me sentir soulagée, mais, en réalité, j'étais plutôt désarçonnée, voire affolée. Je rentrai à pied, mon appartement n'était pas si loin. Les rues de Paris ont cela de bon qu'elles nous engouffrent sans rien demander. On marche sur le trottoir, au milieu de gens très différents. On plonge dans un anonymat impossible dans les petits bourgs de Normandie. Il pleuvait un peu. Je marchais et tâchais de penser. Je rationalisais ma réaction. C'était mieux pour lui, c'était mieux pour moi. Je n'étais pas prête. Mais pas prête à quoi au juste ? Pas prête surtout à ne plus le voir. Je tâchais d'imaginer ma vie sans sa présence, réconfortante, sans sa joie, sans les bouffées d'air qu'il m'apportait. Julien, la ferme, il l'acceptait, il m'avait toujours connue avec, mais ce n'était pas son truc, ce n'était pas ce qui le passionnait. Il aimait courir, aller au ciné. Il aimait l'histoire, les séries télé. Il m'extrayait de ce dans quoi je m'enfermais : la ferme, les études, la douleur, le deuil. Il me montrait ce que pouvait être la vie au-delà de ça. Et après tout, j'avais envie de la partager avec lui. Je ne voyais pas très bien ce que je lui apportais, moi, mais il faut bien avouer que c'était son affaire, s'il voulait vivre avec moi, il ne m'appartenait pas de décider à sa place que j'en valais la peine, ou pas.

Je le rappelai, sur le seuil de ma porte, cette fois bien trempée. Il répondit, à mon grand soulagement. « Bon, écoute, d'accord. Soyons ensemble, pour de bon. » À ma grande surprise, j'étais officiellement en couple, avec lui.

Conjuguer une double activité

Malgré la similitude de notre parcours en grandes écoles, Julien parvint plus facilement que moi à trouver un travail dans les semaines qui suivirent. Il intégra la direction du Budget, au ministère de l'Économie et des Finances. Moi, je continuais à chercher. Et c'était terrifiant. Bien sûr, j'aurais pu consacrer l'intégralité de mon temps à la ferme. Mais si une carrière à Paris m'interdisant de conserver mon exploitation aurait été vécue comme un déchirement, j'aurais aussi étouffé à demeurer en Normandie à temps plein. J'avais besoin d'air, des deux côtés. Je savais que l'existence de cette ferme pouvait être un frein pour mes employeurs. Ils n'auraient sans doute pas compris, pas apprécié, que je partage ainsi mon temps. Je cachais donc ma situation, ne divulguant rien de la vie agricole qui m'occupait.

Il me fallut plusieurs semaines de recherche pour trouver une offre. Je passais des entretiens avec les ministères, les opérateurs de l'État, sans que rien de concluant n'en résulte. C'est finalement auprès de cabinets de conseil pour le secteur public que j'obtins du succès. J'intégrai Deloitte, cabinet de conseil britannique dont l'antenne parisienne, en plein cœur du quartier de la Défense, possédait une équipe dédiée au secteur public plutôt développée.

Mon parcours chez Deloitte fut passionnant. Certes, le rythme restait intense. Je travaillais à Paris du lundi au jeudi, je télétravaillais le vendredi pour être partiellement à la ferme. Mes week-ends étaient exclusivement consacrés à celle-ci. Les moments de repos que je pris durant ces années dans le conseil se comptent sur les doigts d'une main. Mais j'apprenais la manière dont fonctionne le secteur public, ses travers, ses atouts. J'apprenais aussi à me connaître. Travailler en équipe, en particulier, m'apportait beaucoup au regard de la solitude que l'on connaît souvent dans une exploitation. Surtout, le rythme de travail en semaine était moindre, par rapport à ce que j'avais connu entre Sciences Po et la ferme. J'arrivais à dégager davantage de temps libre, à midi, en soirée. Paris m'offrait ainsi un équilibre personnel rétabli.

Doucement, je réapprenais à vivre. Julien en cela m'aidait beaucoup. J'emménageai avec lui, dans un petit appartement aux abords de la gare Montparnasse, plus pratique pour les allers-retours. Il donnait sur les toits de Paris, leur fumée blanche, leurs reflets gris au soleil levant. Ce devait être notre cocon à nous, pour des années. Julien m'incitait à aller au cinéma, à me reposer le soir, devant une série, un apéro, à voir mes amis. Surtout, il me poussait à écrire.

Entrer dans le débat public

J'ai toujours écrit. Des nouvelles, des romans, des poèmes. Mais j'écrivais alors pour moi-même, pour préciser le sens de mes idées, de mes pensées. Julien m'incita à écrire pour les autres. Des tribunes d'abord, alors que les sujets d'actualité se multipliaient sur l'agriculture. L'élevage en particulier était dénigré, à tel point que consommer de la viande semblait devenir un acte criminel. Le monde à l'envers, quand on sait les avantages du pâturage pour l'environnement. Je pensais à mes vaches à Montgaudry, dans les zones humides. Sans elles, que serait devenue cette zone ? Un étang ? Une culture drainée ? En réalité, rien de bon pour la biodiversité. C'est grâce à l'élevage que cette zone existe encore, qu'elle est entretenue. Je m'exaspérais d'entendre qu'il faut remettre les vaches au pâturage en France, alors qu'il y a peu de pays dans le monde où cela est autant pratiqué, presque toute l'année. Il apparaissait évident que les prétendus experts du bien-être animal ne quittaient jamais Paris, sans quoi ils auraient pu apercevoir, depuis leur fenêtre de TGV, des vaches occupées à se balader. Je n'en pouvais plus d'entendre qu'on les nourrit aux antibiotiques, alors que tant d'éleveurs produisent leur alimentation directement sur les exploitations. Et puis, vu le prix des antibiotiques, il est évident que nous n'en donnons, par injection d'ailleurs, qu'en cas de nécessité impérieuse pour la survie de l'animal, ce qui n'arrive pas souvent. Je ne tenais plus et Julien m'incita à me jeter à l'eau. J'envoyai une tribune au *Monde*, affirmant que, pour sauver la biodiversité, il faut manger de la viande rouge française. *Le Monde* était pour moi le quotidien par excellence, celui qui, au-delà de l'audience dont il bénéficie, m'avait alimentée en classe préparatoire, puis à Sciences Po, lorsqu'il me fallait me renseigner sur l'actualité de façon neutre, argumentée, mesurée. C'était indéniablement le journal dans lequel, quelques années plus tôt, je n'aurais jamais cru avoir l'honneur d'être publiée. À ma grande surprise, ma tribune parut dans l'édition du 7 janvier 2019.

La publication de cette tribune marqua le début de mon engagement médiatique, d'abord parce qu'elle me prouva que c'était possible, d'être publiée, de faire entendre sa voix dans le débat public. Ensuite parce que, grâce à elle, je fus repérée par France Culture, pour un débat sur le bien-être animal contre Brigitte Gothière, porte-parole et fondatrice de l'association animaliste L214.

J'arrivai un peu stressée à la Maison de la radio, passant plusieurs sas de sécurité avant d'être accueillie dans une petite cuisine, avec une cruche d'eau, quatre chaises, un chien couché là – sans qu'on sache à qui il appartenait. Brigitte Gothière était là. Je découvris une petite dame aux cheveux grisonnants, à la voix douce, presque innocente. L'échange en arrière-plan, en attendant notre tour, fut plaisant, bienveillant. Je me laissai complètement endormir, pensant que la suite le serait tout autant. Je me trompais. Certes, le ton resta très gentil. Les propos, le raisonnement en revanche, étaient parfaitement construits, bien que redoutablement de mauvaise foi. Surtout, mais cela ne s'entendait pas, chacun de mes propos provoquait des réactions gestuelles marquées de la part de la représentante de L214, ce qui s'avérait, pour la débutante que j'étais, profondément déstabilisant. Je finis par parler en regardant mes pieds, afin de ne plus être perturbée. Il faut l'avouer, il s'agissait d'un débat plutôt raté de mon côté, mais qui me fit comprendre une chose: l'investissement médiatique ne s'improvise pas.

Il fallait m'armer d'autre chose que de ma bonne foi; je travaillai donc de plus belle. J'envoyai une tribune au *Figaro*, qui fut acceptée elle aussi. De là, BFM TV m'appela, pour réagir à la visite du président Emmanuel Macron au Salon de l'agriculture, en direct dans le « 18H-20H ». Ma préparation paya, mon intervention se déroulant convenablement. À partir de ce moment, plus aucune prise de parole médiatique ne me fit peur.

Pour mieux structurer mon engagement, un choix était devant moi. La première option était de m'investir dans le syndicalisme, pour m'armer d'outils de communication et de langage prémâchés. L'avantage des organisations syndicales est qu'elles disposent d'une véritable machine administrative capable de fournir des notes, des décryptages de l'actualité et des entraînements sur mesure, notamment médiatiques. Elles ouvrent des portes vers le personnel politique et les décideurs économiques, pour porter les idées du syndicat, pour se reconvertir aussi, une fois son temps syndical épuisé. Mon souci était que ma vocation n'était pas, et ne sera jamais, je crois, de défendre les intérêts professionnels des agriculteurs, ni de les représenter. Mon objectif était de défendre un intérêt commun, entre agriculteurs et citoyens, qui supposerait des ajustements des deux côtés de la balance. Le syndicalisme n'était donc pas approprié, je ne m'y serais pas sentie bien, engoncée entre mes convictions d'un côté et le paradigme syndical de l'autre, les deux ne pouvant vraiment coïncider.

Faire quelques pas en politique

Le second choix possible était de m'investir en politique. La politique à Sciences Po, en particulier au sein du master Affaires publiques, était omniprésente. Julien s'était engagé dans la campagne d'Alain Juppé lors de la primaire des Républicains. De mon côté, peu familière aux us et coutumes du milieu, et n'ayant par ailleurs franchement pas le temps de m'y investir, j'avais préféré botter en touche. Peu après notre diplomation, néanmoins, Maël de Calan, porte-parole d'Alain Juppé lors de la campagne, proposa un café à Julien. Je suivis le mouvement. On se donna rendez-vous autour de 7 heures dans un petit café parisien, non loin de chez nous, du côté de Montparnasse. À cette heure s'y retrouvaient les voyageurs matinaux et les rendez-vous tels que le nôtre : cafés d'échanges politiques, d'idées, de réseautage... Maël, comme à son habitude, était jovial et enthousiaste. Il nous annonça rejoindre Valérie Pécresse. Elle avait, nous dit-il, une véritable chance à la prochaine présidentielle, celle de 2022. Mais, pour cela, il fallait commencer à travailler tôt. Il fallait un programme solide, des idées nouvelles. Valérie avait donc besoin de s'entourer de porteurs d'idées nouvelles, Maël aussi, afin de peser dans la future équipe. Il nous proposait de rejoindre cette dernière sous son aile.

Julien et moi trouvions l'opportunité plutôt parfaite. On rejoignit l'équipe afin de commencer un travail approfondi et de constituer un programme d'envergure présidentielle. Maël organisait régulièrement des cafés, où se retrouvaient ses jeunes recrues, tout droit sorties de l'Inspection générale des finances, de Bercy, de grands cabinets d'avocats... J'étais d'ailleurs la seule femme, et la seule qui s'intéressait à l'agriculture. Sous l'égide de Maël, je rédigeai donc le programme agriculture que devrait porter Valérie Pécresse. Je rencontrais cette dernière souvent avec Maël, pour lui faire part de mes avancées, répondre à ses questions, saisir ses orientations. Valérie était brillante, sympathique aussi. Elle savait se souvenir du prénom de quiconque rencontré au détour d'une discussion, apparemment sans difficulté. Elle avait du caractère, aimait les choses bien faites, voire parfaites, partait parfois un peu dans tous les sens, mais elle savait inspirer l'attachement.

Mon travail de rédaction n'était pas des plus simples. Écrire un programme politique, cela suppose de structurer ses idées, d'étudier, jusqu'au bout, leur faisabilité. Pour cela, Valérie, Patrick Stefanini, son directeur de campagne historique, et Maël m'ouvrirent les portes de leur réseau, afin que je consulte les personnes faisant référence dans le secteur. Soudain, la jeune diplômée que j'étais accédait à l'ensemble des services responsables de l'agriculture en France. J'étais ravie. Au bout de mois intenses de rencontres, d'écriture, de ratures, de relectures par Maël et de recommencements, le programme sortit enfin, lors de l'annonce en grande pompe de la création du parti de Valérie Pécresse, Libres!, en dehors des Républicains. Je me rendis à Brive-la-Gaillarde, Valérie me donnant la parole quelques minutes pour exposer les grands enjeux de l'agriculture de demain. Les gens applaudirent. Je me dis que, peut-être, j'avais trouvé le moyen de porter mes idées.

Je poursuivis dans mon élan.

La députée de ma circonscription, Véronique Louwagie, me proposa, de nouveau autour d'un café, mais cette fois à Mortagne-au-Perche, de participer aux élections européennes. Bien sûr, à une position très basse sur la liste, ce qui me rendrait inéligible, mais cela me permettrait d'acquérir une petite expérience politique. J'hésitai, car j'avais à peine le temps. Mais Julien me poussa. J'y allai.

François-Xavier Bellamy était tête de liste. Cet homme, jovial mais discret, me plut immédiatement. Certes, nous ne partagions pas vraiment les mêmes idées politiques. Je suis plutôt d'un centre droit progressiste, il fait partie d'une droite bien plus traditionaliste. Pour autant, sur l'agriculture, nous nous rejoignions complètement. Et surtout, quelle générosité ! Je me trouvais guidée dans mes premiers pas politiques, avant mes discours, avant mes tribunes, avec une bienveillance remarquable. En cela, cette expérience des européennes fut passionnante. Bien plus que le score final, de 8,48 %, qui marqua une descente aux enfers pour la droite. Je me souviens notamment d'une journée de visite à Cherbourg, sur le thème de l'agriculture et de la pêche. Julien m'accompagnait.

Nous avions commencé par une visite du port, fortement impacté par le Brexit. Il faudrait à la France investir beaucoup pour être capable d'absorber la responsabilité douanière maritime qui incombait jusqu'à présent à l'Angleterre. S'en était suivie une rencontre avec des producteurs de carottes, les fameuses carottes des sables de Créances. La détresse des agriculteurs était palpable, dans la petite salle des fêtes où nous nous rencontrions. Ils étaient une dizaine autour de la table, face à François-Xavier Bellamy, Laurent Wauquiez, alors président des Républicains, et Hervé Morin, président du parti Nouveau Centre et de la région Normandie. J'étais un peu à l'écart, sur le côté de la table, à écouter attentivement. Hervé Morin semblait maîtriser le sujet sur le bout des doigts, complétait les propos des agriculteurs, qui expliquaient patiemment aux politiques leurs difficultés. Celles-ci étaient simples en réalité. Était menacée la dérogation qui leur permettait de continuer à utiliser le dichloropropène, dernier produit phytosanitaire homologué luttant contre un ver, le nématode, qui s'attaque aux carottes dans les sols de sable, provoquant des destructions économiquement insupportables. C'était, affirmaient-ils, la fin des carottes des sables de Créances et le début de l'importation massive de carottes similaires depuis la Belgique, où les agriculteurs pouvaient continuer à utiliser le « dichlo », comme ils l'appelaient. Leur exemple était un cas concret de distorsions réglementaires intra-européennes.

Lors de la construction de l'Union européenne, les pères fondateurs s'étaient d'abord appuyés sur l'élaboration d'un espace économique commun, autour du charbon et de l'acier, mais, très vite aussi, de l'agriculture. Ouvrir les frontières et partager les flux de marchandises fonctionne bien, tant que chacun travaille autour des mêmes règles. À mesure que ces règles se sont multipliées et que les situations économiques des pays membres ont divergé, c'est tout cet espace économique commun qui s'est mis à vaciller. Les agriculteurs en ont été les premiers témoins, car ils se sont vus concurrencés de façon injuste par des voisins aux standards et réglementations différents. Lutter contre la fragmentation de l'Union européenne, contre les distorsions de concurrence, défendre la politique agricole commune, voilà ce que nous leur promettions ce jour-là. Cette promesse ne fut en réalité pas tenue, sans que Les Républicains puissent en être tenus particulièrement responsables, tant leur présence au Parlement européen aura été minorée par leur score aux élections. La nouvelle politique agricole commune, entrée en vigueur en 2023, ne fut que plus fragmentée que la précédente, les règles ayant divergé davantage entre États. Les agriculteurs français n'obtinrent pas leur dérogation pour l'utilisation du dichloropropène. Plutôt que d'admettre la fin de leur production, treize d'entre eux utilisèrent illégalement ce phytosanitaire dont il ne fallait pas prononcer le nom, avant d'être identifiés et jugés, écopant d'amendes allant jusqu'à 80 000 euros.

Cette journée de campagne devait s'achever par un meeting. Julien et moi, nous n'avions pas voulu nous habiller sur notre trente-et-un pour visiter le port. Alors, sitôt la réunion avec les maraîchers terminée, on fila vers un café. C'est dans les toilettes que l'on se changea. J'enfilai un collant, une robe marine, je me maquillai rapidement et, mes talons enfilés, je m'empressai de rejoindre Julien. Je n'étais jamais allée au Centre de congrès de Caen. Julien non plus, mieux valait prendre un peu d'avance pour être sûrs de trouver…

Ce ne fut pas difficile. Les organisateurs attendaient autour de deux mille personnes. Je n'avais pas préparé de discours, on ne m'avait rien dit. Ce n'est qu'une fois arrivée sur place qu'on m'avertit que, finalement, tous les candidats normands devraient prendre la parole au début du meeting, les uns après les autres, pour se présenter, exposer quelques idées. Entre deux poignées de main, deux couloirs, je méditai un discours sur l'agriculture, l'importance de porter haut ce sujet au niveau européen. Bien sûr, en tant que nouvelle venue, et la plus jeune, on me fit commencer. Geoffroy Didier, directeur de campagne, vint me voir. « Regarde loin devant, me dit-il, ne pense pas au monde, pense à ce que tu veux dire. Et respire. » Je me raccrochai à son sourire rassurant.

J'ouvris donc le meeting, gravissant un peu fébrile les marches de la scène. Et je pris la parole. Mon angoisse première était de perdre mon souffle, d'oublier de respirer entre deux phrases. Alors je pris mon temps, prononçant chaque point sans oublier d'inspirer, essayant de m'adresser aux gens avec mes sentiments, de leur communiquer ce que je pensais vraiment. Pour les politiques alignés au premier rang, je n'étais rien qu'une enfant qu'on n'avait jamais vue. Ça a quelque chose de rassurant. Au pire, on passe, et on nous oublie. Au mieux, on marque un peu. Je sais qu'avec ce discours je marquai. Sans doute un peu trop, plus que je ne le méritais, plus que je n'étais prête à assumer, aussi. Une fois que je fus redescendue de la scène, les politiques parlèrent, les uns après les autres, et on écoutait. La salle applaudissait, tout le monde était ravi. Mais c'était un public de militants. On oublie vite, entre soi, à quel point le monde extérieur peut nous être étranger. Les résultats ne manqueraient pas de nous le rappeler.

Prendre la parole dans les médias

Après les élections, je tombai dans une frénésie de prises de parole médiatiques. Et cela marchait. Une tribune en particulier, publiée dans *Le Figaro* le 19 août 2019, eut beaucoup de retentissement. Elle parut au moment de la moisson, alors que le traité de libre-échange entre l'Union européenne et le Canada, le CETA, venait d'être ratifié par le Parlement français. J'étais furieuse de tant de naïveté et de cette tendance française à vouloir imposer toujours plus de règles dans son pays pour importer toujours plus de produits très dégradés, d'un point de vue sanitaire et environnemental, de l'étranger. À force, ça me donnait une impression d'emprisonnement. J'écrivis cette tribune depuis mon tracteur, à presser des ballots, dans l'application « Notes » de mon iPhone. Mes meilleures tribunes, je les ai toujours écrites sur un coup de cœur, un coup de tête, en quinze minutes maximum. Si cela prend plus, c'est qu'elle sera mauvaise. Celle-ci, décidai-je, dénoncerait les murs qui enferment les agriculteurs français. « *Le premier de ces murs est vert. Quand on est agriculteur, il n'est plus possible d'aller chez son boulanger sans se voir reprocher de traiter son blé*[1]. » Le second serait blanc, « *blanc comme les pages de traités qui font de l'agriculture la variable d'ajustement des négociations commerciales* ». On en arrivait ici à la première impasse : soit on est vert, mais alors on manque de compétitivité face aux traités de libre-échange qui bradent l'agriculture pour un peu plus de TGV exportés, soit on est blanc, on est compétitif, mais alors l'environnement passe au second, voire au dernier plan. Je continuai sur ma lancée et décrivis quelques pas de côté, où là aussi on se heurte à des murs insensés. « *Car il y a un troisième mur, et il est rouge. À bas la viande rouge et le sang, à bas les abattoirs et les élevages. Aujourd'hui, être éleveur bovin, c'est être résistant.* »

1. Anne-Cécile Suzanne, « Accusé agriculteur, présentez-vous à la barre ! », *Le Figaro*, 19 août 2019.

Cette résistance bien sûr, je l'avais éprouvée, à force de négociations bancaires, de ventes bradées de mes animaux, de nuits passées à veiller.

Surtout, je dénonçais le manque de mesure, de pondération dans les idées. Peut-être a-t-on le droit de manger moins de viande, pourvu qu'on s'attache à connaître systématiquement l'origine de celle que l'on consomme ? Je suis moi-même bien souvent végétarienne lorsque je suis à Paris et que je mange hors de chez moi, ne sachant que trop bien à quel point il est difficile de s'assurer que les animaux ont été bien nourris, bien élevés, seule garantie de consommer une viande de qualité, gustativement bien sûr, mais sanitairement surtout. « *Le sujet est devenu identitaire, et se résume à une fracture trop claire pour être vraiment nette : si j'aime les animaux et le climat, je mange des lentilles, si j'aime mon terroir et mes traditions, je vais chaque jour chez mon boucher.* » Mais la série de murs n'était pas terminée, car il en faut bien quatre pour être enfermé. « *Le dernier mur est noir. Noir comme les pensées des céréaliers, des maraîchers, des fruiticulteurs et des éleveurs, qui se voient imposer des normes affectant leurs rendements et des prix d'achat en dessous de leurs coûts de production.* » Car un agriculteur se suicide tous les deux jours en France.

Tous les deux jours. Nous sommes pourtant déjà si peu. C'est bien qu'il y a un problème. Bien sûr, celui-ci excède l'aspect économique, mais tout de même : si l'on gagne sa vie, si l'on peut partir en vacances pour prendre l'air ou encore investir dans son exploitation pour qu'elle nous ressemble et nous fasse plaisir... On n'arrive pas tout à fait au même équilibre dans la vie, au même bonheur. Aujourd'hui, à l'inverse, avec des marges faibles, voire négatives, des contrôles permanents, de l'administration, des voisins aussi, qui ne se privent jamais de juger, le métier d'agriculteur est souvent une charge qu'il devient difficile de supporter. En particulier lorsqu'on traverse des difficultés.

Il y a ainsi ces moments où l'on a l'impression d'étouffer, de se battre en pure perte contre une marée qui n'a de sens que celui du vent. Cette tribune témoignait de ce sentiment, qui m'étreignait, comme tant d'agriculteurs. Cet étau, qui vous prend au cou, serre votre dos et presse votre poitrine. J'eus beaucoup de retours d'agriculteurs à la suite de cette publication, qui me disaient ressentir cette angoisse de l'enfermement. Que faire de son existence en effet quand son mode de vie s'écroule, est dénigré, menacé, marchandé ? L'angoisse, ce n'est pas quand un petit événement surgit, mais lorsqu'une multitude s'amasse et pèse sur votre poitrine jusqu'à ce que, finalement, vous ne puissiez plus respirer.

Aujourd'hui, l'angoisse est partout en agriculture, éloignant le métier du cadre idyllique où on le croit encore inscrit. Bien sûr, il a toujours été angoissant de ne pas maîtriser le temps, les pannes mécaniques, le climat, la nature, la vie et la mort. Mais s'y ajoute l'absence de maîtrise des réglementations, des cours mondiaux, tandis que les prix des intrants, matériels et autres achats augmentent fortement. Sans compter l'absence de maîtrise des opinions publiques et l'absence de droit de réponse à la hauteur des accusations faites. L'absence de maîtrise des intrusions dans nos exploitations, qui incitent à nous enfermer davantage alors même qu'on nous demande d'ouvrir nos fermes aux citoyens. L'absence de maîtrise des politiques publiques qui nous concernent. L'absence de foi dans notre personnel politique ou syndical. La détresse est immense, l'angoisse est intense. Ce sont ces sensations-là qui me font prendre la plume.

Peu à peu, dans mon combat, j'ai été repérée. Les médias enchaînaient les portraits, les articles sur mon parcours. Ils venaient à la maison, filmer les vaches, les champs. Le troupeau se prêtait au jeu, affichant régulièrement son plus beau profil dans les journaux. Dans le fond, à vrai dire, je vivais assez mal cette plongée sous le feu des projecteurs. Je ne me prêtais à l'exercice que pour deux raisons : véhiculer mes idées et participer au renouvellement de l'image qu'a le grand public de l'agriculture. Mais c'était pour moi un effort extraordinaire. Ouvrir sa ferme à tous les yeux est loin d'être simple. C'est beaucoup plus dur que de se cacher derrière une tribune, car c'est une partie de mon cœur qui bat là. C'est mon père qui est partout. C'est ma vie qui s'est construite autour de ces hangars, de ces prés, de ces veaux qui gambadent. L'ouvrir au JT de TF1, de France 3, à *Ouest-France*, aux regards d'une foule de spectateurs, était un effort hors du commun, parce qu'elle est loin d'être parfaite, parce que ce n'est jamais facile de s'exposer au jugement d'autrui. Je me prêtai à l'exercice, et puis j'arrêtai, il y a quelque temps, parce que ça suffisait, les portraits.

Je continuai de fréquenter quelques plateaux télé. BFM TV, France 2, le canal TV de France Info. J'appris, au détour de ces petits shows, la logique qui habite les médias d'information instantanée : il leur faut une image, un exemple, si possible lié à une actualité chaude, si possible en lien avec la politique. Et j'en jouai.

Je m'appuyai rapidement, dans cette bataille, sur d'autres agriculteurs engagés. Beaucoup s'étaient regroupés au sein de l'association FranceAgriTwittos, une communauté où tous tâchaient d'expliquer, positivement, l'agriculture au plus grand nombre sur Twitter. Globalement très éclairés, ses membres m'apportèrent beaucoup, en idées comme en exemples, car leur quotidien, dans le Nord, le Sud ou l'Est de la France, dans l'élevage de cochons, de poulets, ou la production de légumes frais, était souvent très différent du mien.

Mon terrain de prédilection pour attirer l'attention des médias restait justement Twitter. À coups de mots-clés, on arrive assez facilement à lier un exemple à une actualité, ce qui a le don de provoquer une réaction médiatique instantanée. Je n'étais pas la seule à en jouer. D'autres agriculteurs investissaient ce réseau social plutôt animé. Un jour en particulier, je décrochai le gros lot. C'était le moment du bilan de la loi Agriculture et Alimentation 1 (EGalim 1), supposée permettre une meilleure rémunération des producteurs par un meilleur contrôle des prix pratiqués par la grande distribution. Bien entendu, cela ne fonctionnait absolument pas, parce que, réglementation ou pas, les agriculteurs étaient toujours trop nombreux face aux industriels et, de manière encore plus marquée, face aux centrales d'achat, pour peser sur quoi que ce soit. Les règles de concurrence européennes empêchent par ailleurs tout État de revenir à des réglementations d'inspiration communiste, qui viseraient à définir des prix d'achat contrôlés pour les matières premières alimentaires. Alors le législateur avait travaillé, faisant mine de changer quelque chose pour les agriculteurs français, mais en réalité l'effort portait essentiellement sur la communication, pas sur l'effectivité. Alors je décidai moi aussi de communiquer. Entendant une publicité à la radio, qui m'exaspéra, je saisis mon téléphone et enclenchai l'arme Twitter :

Je soigne mes animaux tranquillou en ce dimanche matin. Et j'entends d'un coup à la radio : « Exceptionnel, la côte de bœuf origine France à 9 €/kg. » On arrive à quel équilibre matière en vendant des côtes à ce prix-là ? Elle est où, EGalim, au rayon poubelle ?

Je dénonçais ceci : la viande était vendue à perte, ce qui était une infraction à la loi. Si d'aventure ce n'était pas le cas, cela signifiait que des éleveurs français avaient vendu leur viande à un prix de misère. Impossible en tout cas de justifier un tel prix de vente, qui aurait plutôt dû s'élever autour de 20 euros le kilo.

La réaction médiatique ne prit que quelques heures. Le soir même, le JT de France 3 était dans la cour de la ferme. Le lendemain, c'était le « 20 heures » de TF1. Un tweet, deux cascades, c'était parfait. Deux jours plus tard, le groupe de grande distribution concerné était sommé de se justifier, bien embêté.

J'espère que ce livre aura lui aussi un écho pour changer le regard du grand public sur l'agriculture et peut-être aussi, qui sait, le regard des agriculteurs sur eux-mêmes.

M'investir pour mon territoire

Forte de ma notoriété médiatique, je poursuivis mon investissement politique, mais cette fois à l'échelle de mon territoire. Je me présentai aux élections municipales de 2020 au sein d'une liste sans étiquette politique, liste unique du village, et je fus ainsi élue sans grande difficulté. Je découvris néanmoins rapidement que les aventures ne faisaient que commencer.

Nous étions en pleine épidémie de Covid-19. À deux heures de Paris, mon village fut pris d'assaut par des résidents secondaires, qui achetèrent les petites maisons du bourg depuis longtemps vacantes. C'était formidable pour le commerce local. Mais c'était parfois une catastrophe pour la cohésion sociale. Certains écrivirent au département, au maire, aux usines et aux entreprises de proximité pour leur demander de faire cesser le trafic des poids lourds dans le village, au nom de la tranquillité publique. La vie de la campagne devait cesser à leur arrivée et les paysages devenir une carte postale. J'éruptai, et envoyai une tribune au *Monde*, publiée le 29 décembre 2020, « Notre campagne s'endort, comme un vieillard qu'on oublie ». J'y dénonçais l'enclavement croissant des campagnes, la volonté de chacun de ne surtout pas la voir bouger, alors qu'en ville on s'autorisait tout, du bitume aux gratte-ciel sans fin, des vélos électriques pour tous aux nouvelles lignes de métro, jusqu'à une 5G dont on ne cernait même pas tout à fait l'utilité. Mais qu'avons-nous, nous, dans notre campagne normande ? Bien sûr, nous avons la beauté des paysages, la responsabilité de nourrir la France, de faire naître des enfants qui un jour, eux aussi, rejoindront la ville. Mais ce n'est pas suffisant.

Il faut, aussi, savoir laisser vivre la campagne, la laisser implanter des usines, parce qu'à la clé il y a des emplois et du revenu pour les résidents permanents, il y a des lignes 4G qui deviennent plus rentables à mettre en place, il y a des médecins qui s'installent, parce qu'enfin toute la famille peut exercer dans le coin un métier. Je conclus : « *Sans doute serait-il donc temps de se rappeler que la République, c'est la fraternité, la liberté, mais aussi l'égalité*[1]. »

En parlant de fraternité, je répondis également au courrier d'un citoyen qui, personnellement, m'invectivait un jour par courrier, m'enjoignant de faire quelque chose pour sensibiliser les agriculteurs au caractère gênant de leur passage dans le bourg du village. Il avait déjà écrit au département, au préfet, aux entreprises environnantes, pour se plaindre du passage récurrent des poids lourds.

1. Anne-Cécile Suzanne, « Notre campagne s'endort, comme un vieillard qu'on oublie », *Le Monde*, 29 décembre 2020.

Monsieur,

Il est certain que le passage des remorques, tracteurs, bennes, plateaux à paille, crée un désagrément aux riverains du village. Il est également certain que, même avec du coton dans les rouages, ils feront toujours du bruit. Si les plateaux à paille sont repliés à vide, occasionnant du bruit, c'est avant tout pour éviter les accidents lors des tournants.

Les comportements dangereux ne sont pas l'apanage des tracteurs. De mon côté, si j'avais eu à relever tous les comportements dangereux des automobilistes à mon égard en tracteur depuis le début de la moisson, la liste serait longue, entre ceux qui doublent par la droite et ceux qui sont en excès de vitesse sur les petites routes où il est impossible de croiser un engin de grand volume… Votre quête de sécurité a donc encore de beaux jours devant elle, car les comportements irresponsables sont malheureusement très nombreux, partout. Ceci ne les excuse en rien.

Par ailleurs, il me semble important de vous rappeler une chose. La vie en campagne suppose le passage bruyant des tracteurs, en particulier lors des récoltes. Je ne sais pas si vous écriv(i)ez à Madame Hidalgo pour le passage des camions poubelles à 3 heures du matin sous vos fenêtres, les gens ivres hurlant le dernier tube en vogue à 4 heures, ou encore les automobilistes qui klaxonnent contre une livraison à 5 heures. À chaque territoire ses impondérables, que l'on accepte en y vivant.

Je vous prierai donc d'entendre également cette seconde partie de ma réponse. Mon comportement se voudra toujours celui, responsable, d'une élue neutre : je suis favorable à l'amélioration de la chaussée pour limiter les secousses dans le bourg, et donc les désagréments que vous subissez, nous travaillons ainsi avec l'équipe municipale et plusieurs citoyens engagés à la rénovation de la chaussée et des trottoirs. Je suis consciente de la gêne liée au passage des poids lourds et tracteurs à proximité de votre maison. Mais je sais que ces désagréments ne sont rien comparés aux avantages pour le territoire d'avoir ces poids lourds et tracteurs, car leur passage est nécessaire à la vie économique locale, aux emplois, au revenu des résidents permanents, au terroir percheron et à notre alimentation. Je vous prie donc d'adopter en la matière le comportement tolérant qui doit être celui de notre beau village et qui revient à tout citoyen.

Bien à vous,

Anne-Cécile

Bref, le job d'élu local d'un petit village est loin d'être de tout repos. Néanmoins, je n'hésitai pas à remettre le couvert. On me proposa en effet d'être tête de liste de l'Orne aux prochaines élections régionales. Opportunité en or, car la région est le niveau territorial où l'on définit la politique agricole financée en particulier par les fonds européens. J'acceptai, tâchant de faire de la place dans mon emploi du temps. Les choses étaient conclues. C'était compter sans mon manque d'expérience politique.

Je participais régulièrement au conseil communautaire, qui regroupe les maires et premiers adjoints des villages appartenant à une même communauté de communes. Vint sur la table le sujet de la méthanisation agricole. Je suis profondément contre l'ampleur que prend aujourd'hui la méthanisation sur mon territoire. C'est pour moi une bombe à retardement, à la fois pour l'agriculture locale et pour les politiciens qui l'auront soutenue à outrance.

Il est, de fait, une agriculture d'élevage dont on rêve. Celle qui laisse pâturer les animaux, de la bonne herbe grasse, durant toute la belle saison. Une agriculture qui entretient les haies et les prés et qui permet par là même la préservation d'une vaste biodiversité. Une agriculture, enfin, qui entretient nos paysages et le bon goût français.

C'est celle que je veux préserver. Et puis il y a l'élevage qui se transforme en méthanisation.

Pour produire du fumier toute l'année, les animaux doivent rester en bâtiment. Ce fumier n'a pas un grand pouvoir méthanogène, il doit donc être complété, à forte dose, par du maïs, de l'herbe, qui au lieu d'être mangés finissent méthanisés. Alors certes, l'exploitant n'a pas le droit de consacrer plus de 15 % de la surface agricole au maïs destiné à la méthanisation. Mais qu'à cela ne tienne ! Il en achète chez ses voisins et le tour est joué. Finie, la modération. Un digestat sous forme solide en ressort. C'est un très bon engrais. Mais en plus grandes proportions se trouve aussi le digestat liquide, difficile à stocker, et qui bénéficie donc de dérogations en termes d'épandage, qui ne sont pas toujours compatibles avec la préservation de l'environnement. Le difficile équilibre entre méthanisation et préservation de la matière organique dans les sols suppose également une grande technicité de l'agriculteur pour ne pas dégrader le milieu.

La logistique est aussi un élément très important. Pour nourrir le méthaniseur, la matière organique à fournir est importante, ce qui suppose un approvisionnement constant, très souvent partiellement extérieur, par poids lourds coûteux, d'un point de vue environnemental comme pécuniaire. Alors les agriculteurs concernés achètent à prix d'or les terres autour d'eux, pour rapprocher leur *sourcing*. Ils exercent de ce fait une pression importante sur le prix du foncier, qui augmente considérablement, défavorisant ainsi tous les agriculteurs alentour souhaitant se développer ou s'installer. Ils parient sur des plans d'amortissement de leur unité de méthanisation à partir de tarifs garantis, rémunérant copieusement le gaz vert produit. Mais jusqu'à quand ? Car, en réalité, le grand public commence à prendre conscience des enjeux réels de la méthanisation, et à s'y opposer. Les agriculteurs qui s'y investissent actuellement, eux, s'endettent pour vingt ans. Que feront-ils si l'opinion publique, et donc les politiques, retournent leur veste ? Et comment démantèleront-ils, lorsqu'elles seront obsolètes, ces immenses infrastructures de béton ?

Je suis donc contre le développement de la méthanisation à échelle intensive sur un territoire. C'était peu de veine, mais, juste avant la constitution officielle des listes pour les régionales, le sujet de la méthanisation vint sur la table au conseil communautaire. Je m'en rendis compte tard, j'étais un peu débordée. Le projet était de créer un renvoi du gaz produit par la méthanisation locale vers des métropoles telles que celle de Caen, car notre propre territoire était excédentaire en production : il y avait déjà plus de production que de consommation. La plaine de Caen étant elle-même suffisamment pourvue, on ne savait en fait pas très bien à quoi allait servir le gaz produit. Mais ce projet devait permettre l'implantation de nouvelles unités de méthanisation, comprendre des agriculteurs qui gagneraient mieux leur vie. Hautement consciente des limites de ce raisonnement, ne voyant aucune utilité autre que dogmatique au développement plus avant de ce type d'exploitation, il était évident que je ne pouvais pas me regarder dans une glace et valider ce projet. J'appelai à la va-vite, quelques heures avant le vote, les responsables politiques qui soutenaient le projet.

Ils comprenaient mes réserves, mais étaient surpris et très agacés de découvrir ma position juste avant le vote, alors que l'ordre du jour était connu depuis des jours. La réponse fut claire : soit je votais pour le projet qui avait été validé par la majorité et pour lequel je ne m'étais encore jamais manifestée, soit, si vraiment ce vote heurtait mes convictions, je m'abstenais ou partais aux toilettes le temps que le conseil puisse admettre le projet. Me refuser à l'une de ces options, c'était dire au revoir aux régionales.

On ne me l'avait jamais expliqué, sans doute parce que, quand on évolue dans le milieu politique, c'est une évidence, mais il y a des règles très strictes sur les logiques de majorité et d'équipe politique. Faisant partie d'une majorité solidaire, voter publiquement contre un projet décidé par cette dernière revenait mécaniquement à m'inscrire publiquement dans l'opposition. Et donc à ne plus mériter ma place au sein de l'équipe en place.

Assez naïvement, le soir venu, au terme d'une explication de vote où j'exposai mes inquiétudes à l'égard d'un développement à mon sens outrancier de la méthanisation, je votai contre le projet. Je ne votais pas contre la majorité en place, je votais en accord avec mes idées, en faveur de ce que je pensais être le bien commun, en ne réalisant pas encore la mécanique politique en cours. Ce faisant, je renonçais aux régionales, et à tout poids politique local.

Cet épisode m'apprit beaucoup de choses, notamment que je n'étais pas une fine politique.

Si j'avais été bonne, j'aurais regardé l'ordre du jour de l'assemblée bien plus tôt. J'aurais également pris rendez-vous avec le président de la communauté de communes pour échanger avec lui, tâcher de travailler le sujet. J'aurais, enfin, fait passer quelques garde-fous dans le texte du projet, pour faire entendre en partie ma cause, autour d'un compromis. Or, brute de décoffrage, en retard, à l'arrache, je m'étais mise moi-même dans la situation invraisemblable de choisir entre mes convictions et un investissement majeur dans la politique agricole régionale. C'était une erreur de débutante, je fus sanctionnée comme une débutante.

La politique, compris-je, est un jeu exigeant. Le compromis est omniprésent, l'attention aux actualités, constante, et le respect du personnel politique en place et de ses règles, important. Il ne faut pas y voir de vieux restes d'un féodalisme survivant à travers les âges, mais une véritable culture de l'action publique, qui est faite de loyauté, de solidarité et de conciliations. Un président ou un maire ne peut pas faire ce qu'il veut et, à l'inverse, lorsqu'on travaille avec une majorité, on doit défendre ses opinions dans la limite du respect du choix collectif. On ne vote pas contre un texte de son équipe.

L'endogamie politique actuelle au niveau national est certainement due au fait que ces règles ne sont pas expliquées au premier venu et découragent, par méconnaissance, nombre de débutants. Mais je découvrais alors que, tôt ou tard, on les apprend.

Échec politique donc, qui m'envoya aux oubliettes électorales pour un bon moment.

Achever ce qui a été commencé

Un dernier engagement, tout autre que celui de l'agriculture, m'occupait beaucoup, à partir de 2019 : achever l'œuvre architecturale de mon père, la Gaulardière.

Papa avait, à son décès, à peu de choses près, achevé la restauration de la maison principale de notre corps de ferme. Mais les bâtiments autour n'étaient encore que grossièrement mis hors d'eau, leur restauration restant en grande partie à achever. Alors, maman et moi, on décida d'emprunter et de terminer un corps de bâtiment situé à proximité de nos vergers de pommiers. N'ayant malheureusement pas hérité des dons manuels de mon père, on délégua une grande part des travaux à des hommes disposant du savoir-faire. Mais les peintures, les solives, le ponçage du parquet ou encore des pavés nous occupèrent beaucoup, maman, Julien et moi, entre deux week-ends, deux allers-retours à Paris, deux vêlages, ou encore deux meetings pour les élections européennes. Le rythme était véritablement éreintant, mais nous étions ravis que les choses avancent ainsi. Nous nous levions à 4 heures du matin pour finir les peintures avant le retour des maçons, pour achever de trier les parquets… À ce rythme soutenu, donc, mais avec beaucoup d'amour, le bâtiment fut achevé. Les artisans y avaient mis du talent et du respect pour ce que papa avait débuté.

La décision fut prise, afin de financer la restauration, de créer au sein de ce corps de bâtiment deux gîtes. Fin 2019, nous ouvrions ainsi notre maison aux visiteurs de passage. Bien entendu, j'ouvrais également la ferme. Nos locataires tenaient à aller caresser quelques vaches, quelques chevaux, en particulier lorsque leur foyer comportait des enfants. Si l'ouverture des gîtes était un hommage aux talents architecturaux de mon père, elle fut aussi la continuité de mon combat dans les médias, m'offrant l'opportunité d'adopter un discours pédagogique direct avec des familles qui, des questions plein la tête, venaient découvrir mon métier. C'était également pour eux l'occasion de découvrir les produits de la ferme, la vie et les traditions dans le Perche, parfois même d'y forger un projet d'installation.

Sur ce point, l'épidémie de Covid devait, un an plus tard, accélérer ce mouvement de fascination pour la vie à la campagne. Les gîtes firent le plein et, avec eux, la cour de la ferme, qui accueillait de plus en plus souvent des visiteurs. Cela me prenait un temps considérable, de présenter l'élevage, les cultures, mes pommiers. Mais j'aimais ça. J'aimais aussi découvrir la vie de ces personnes qui, un temps, séjournaient là. Entre un ancien photographe pour Chanel, une entrepreneuse de Zanzibar ou encore tout un groupe d'amis en retrouvailles, les rencontres étaient toujours multiples, très rarement désagréables. Je profitai notamment du passage d'une famille d'outre-Rhin pour déchiffrer autour d'un apéro une carte postale envoyée par un soldat allemand depuis le front de la guerre 1914-1918 à ma grand-mère lorraine. Ce fut un travail d'archéologie collectif qui rapprochait non seulement le passé et le présent, mais l'humanité entre elle.

Ce lien entre des mondes différents, voilà le véritable avantage de l'agritourisme, au-delà de la diversification du revenu agricole. Accueillir dans les cours de fermes est devenu complexe, du fait des normes sanitaires, mais aussi des exigences de productivité, qui laissent peu de temps aux papotages de coin de cour : héberger des visiteurs en gîte offre ainsi une nouvelle occasion légitime. Et comme cela est nécessaire ! Le grand public est trop resté focalisé sur l'agriculture de nos arrière-grands-parents, sans suivre les modernisations rendues nécessaires à la fois pour accroître la compétitivité des exploitations agricoles et diminuer la pénibilité du travail. Le fossé qui s'est creusé n'a rien d'insurmontable, mais il est urgent de reconnecter les deux mondes afin qu'ils se comprennent mieux. Si mon engagement dans les médias, en politique, ou encore ce livre se veulent des pas en ce sens, l'ouverture des fermes au public est, de façon très concrète, une manière de participer à cette réconciliation.

Chapitre 15
Être heureuse

Au terme de ce parcours initiatique, je compris que l'intérêt des sillons que l'on trace n'est pas véritablement dans les choses que l'on accomplit. Là-dessus, il faut avoir l'humilité des bâtisseurs de cathédrale et admettre n'être parfois qu'un acteur secondaire, accepter de poser des pierres en sachant pertinemment qu'on ne verra jamais le clocher. C'est là le propre de ceux qui veulent participer à de grandes œuvres. L'intérêt est dans le bonheur qu'on y trouve, dans le sens qu'on y met. Car alors, vraiment, on ressent de la joie, celle de la vie qu'on a choisie.

Renoncer à la coopérative

Mon parcours chez Deloitte fut formidable. Au bout de trois ans néanmoins, je commençais à fatiguer de travailler sur d'autres sujets que celui de l'alimentaire et de l'agriculture. J'aspirais à réconcilier travail et passion. Alors, en 2020, lorsque le directeur d'une coopérative agricole locale me proposa de lui succéder à l'occasion de son départ en retraite, j'acceptai avec joie.

Une coopérative agricole, ce n'est pas forcément ce que le grand public imagine. On parle d'une structure complexe, chargée de regrouper les besoins individuels en approvisionnements et en débouchés des agriculteurs, et de négocier des solutions collectives optimisées. Les coopératives constituent un bel outil industriel, de stockage *a minima*, voire de transformation de la production, ce qui permet sa valorisation. Elles intègrent en général la partie commercialisation des productions, décidée par l'agriculteur (pour les céréales notamment) ou par elles-mêmes (en cas de produits frais, périssables). Elles sont surtout administrées par les agriculteurs-coopérateurs, qui élisent un conseil d'administration en charge de gouverner la coopérative et auquel répond un directeur, ou une directrice. Il y a là un vrai espoir pour les agriculteurs, qui se disent souvent, et à raison, les maillons malheureux de la chaîne : une coopérative ne peut rien faire sans avoir l'aval de ses agriculteurs.

Je voyais dans ma reprise de la direction de la petite coopérative locale, aux abords de ma ferme, l'opportunité de concrétiser tout ce que j'imaginais être porteur pour les agriculteurs du territoire. Des micro-filières de proximité, pour surfer sur l'engouement touristique du Perche. Des filières légumineuses, pour surfer sur l'aide de l'État et de la politique agricole commune. Des filières longues, en contractualisant avec les industriels des débouchés. Des filières durables, en négociant des primes bas-carbone qui puissent bénéficier aux agriculteurs lorsqu'ils développent des pratiques respectueuses des sols.

Il faut dire qu'il y avait du potentiel. Située sur plusieurs sites du flanc est du département de l'Orne, la coopérative avait conservé son empreinte de proximité, demeurant un interlocuteur de premier rang pour l'ensemble des agriculteurs du territoire. Ses sites étaient vieillissants, mais ils étaient là, en bordure de villages. On pouvait en faire quelque chose, les redynamiser. On pouvait aussi y impliquer les particuliers, les faire venir dans les magasins y acheter la production agricole locale, au-delà des actuels sacs de graines pour les oiseaux. Je croyais fermement en la force de la proximité, en l'enracinement de cette coopérative, alors que de plus grandes fermaient tour à tour leurs sites par manque de rentabilité.

Ce job, c'était mon rêve d'action qui se réalisait. Je m'y engouffrai tout entière… puis je dus renoncer. Malheureusement, la légendaire entraide paysanne n'était pas exempte de favoritisme ici, et la droiture que je m'imposais se révélait peu compatible avec les dérives d'un autre âge dont je m'aperçus. Avec violence, dès que je découvris plusieurs pratiques que je ne pouvais admettre ni cautionner, on me demanda de partir. En silence. Peut-être ai-je manqué une vocation de lanceuse d'alerte, mais les sillons que je devais tracer n'étaient pas ceux-là. Ils relevaient d'un autre combat : une dénonciation au parquet des pratiques que j'avais observées, une action prud'homale… Tout ce qui aurait monopolisé mon énergie pendant des années, pour rien, mis à part la satisfaction de me voir donner raison. L'effort ne valait pas la récompense. Je décidai de voguer vers de nouveaux horizons.

Pour autant, je souffris âprement de cet échec de vocation. Je pensais pouvoir me rapprocher de ma ferme, mieux conjuguer ma vie professionnelle, qui m'éloignait de mes racines, et mon exploitation, qui souffrait de mes déplacements constants.

Ma déception fut grande et en rien il ne fut facile de renoncer. Penser à mon père m'y aida. À la fin, il m'avait fait part de ses regrets. Il n'avait pas rendu maman assez heureuse. Il n'avait pas passé assez de temps avec moi. Ses regrets portaient sur l'amour qu'il n'avait pas suffisamment donné. Sur rien d'autre. Au fond, ma soif d'engagement était partie de là. De la volonté de ne rien regretter le jour où, à trente ou à cent ans, je m'en irais. De la volonté d'avoir tout fait pour améliorer, un peu, l'existence de mes proches ou de l'humanité, si belle, sur cette terre. L'important était de suivre mon sillon, de continuer à y semer mon futur, pas de retourner sans cesse labourer le passé. Dans cet objectif, quelle aurait été la motivation d'un procès ? Mon honneur personnel ? Mon combat n'était pas là, dans la négativité. J'étais blessée, mais ce n'était pas une raison pour m'arrêter là et creuser, c'était une raison pour apprendre.

De même, politiquement, mon combat n'était pas dans la lutte contre la méthanisation, ou contre des règles de fonctionnement que je n'avais pas le recul d'évaluer et que je ne pouvais de toute façon pas changer. Il était dans la promotion de solutions. Il était dans la marche avant. Dans la construction.

Ce double échec, coup sur coup, me remettait ainsi face à la réalité. En vérité, depuis mon enfance, je n'avais jamais vraiment, lourdement, échoué par ma faute. À l'école, tout allait bien. À la ferme, en équipe, on avait réussi. La perte de mon père, je l'avais encaissée. Mon compagnon était parfait (ou presque), mes amis aussi. L'échec, je le connaissais à présent. Mais aussi parce que je connaissais mon objectif. Avant, j'évoluais où le vent me portait. Faire confiance à son destin a quelque chose de rassurant. Mais, parfois, il faut le forcer un peu. Et je n'avais pas su le faire. Je n'avais pas réfléchi, pris en compte les autres, leur logique, leur fonctionnement. Je n'avais pas mesuré que l'homme, naturellement, peut être infiniment bon ou très méchant, intelligent ou bête comme ses pieds, et qu'il faut agir en sachant cela, pour ne pas s'y heurter soi-même, sottement.

Ces dernières aventures ne pouvaient cependant pas me laisser indemne. Comme au décès de mon père, j'y avais laissé une part de moi-même, dans cette coopérative. J'eus le même réflexe de survie qu'en 2014, pour panser mes plaies. Je me jetai corps et âme dans le travail, en particulier la moisson qui venait. Je travaillais autant que je pouvais, donnant à mon corps suffisamment d'activité pour que mon esprit n'ait pas à travailler.

Pour autant, c'était difficile. Les potins circulaient, à travers la campagne. On m'appelait pour comprendre, glaner des informations ou m'inciter à engager des actions. J'avais envie d'oublier, mais je recevais des courriers menaçants de plus en plus souvent de la coopérative, par voie de recommandés, pour me faire peur et m'inciter à ne pas engager d'action. Mon avocat m'appelait plusieurs fois par jour, pour savoir ce que je voulais faire, ce qu'il se passait. Je coupai court à tout cela. Je ne répondis plus à la coopérative, je demandai à mon avocat d'arrêter là ses services. Tout pour en finir avec cette histoire.

Je savais bien que le pire laissait souvent la place au meilleur. Après l'incendie, la végétation repousse, la vie revient. Je me souviens à ce propos de mes débuts à la ferme. On sortait à peine de l'épisode terrible de paramphistome. Les bêtes étaient éprouvées, surtout les jeunes. À tel point que l'une d'entre elles, une petite génisse, un matin, n'avait pas eu la force de se relever. Elle était couchée légèrement en pente, ce qui n'est jamais bon pour un bovin. Les gaz de la rumination tendaient à s'accumuler dans la panse, sans plus pouvoir sortir. Pour les libérer, il fallait que l'animal se redresse. Or la pauvre bête n'en n'avait pas eu la force durant la nuit. Je la trouvai au petit matin gonflée comme un ballon prêt à exploser, impossible à redresser, avec de fortes difficultés respiratoires.

J'appelai le vétérinaire, et dans la foulée j'appelai Alice. Elle me dit de percer le ventre, à gauche, là où se trouve la panse, de manière à laisser passer le gaz. Bravement, j'allai chercher un cathéter, et d'un coup net, je l'enfonçai du côté gauche de l'animal, là où la panse devait se trouver. Immédiatement, de l'air en sortit, sans sang. C'est que j'avais percé au bon endroit. La bête put reprendre sa respiration, tant bien que mal. Je restai aux pieds de la petite génisse pour la surveiller et vérifier que l'air continuait à s'échapper. Une heure plus tard, le vétérinaire arriva. Il fit un trou plus gros, pour parvenir à laisser l'air s'échapper plus rapidement. Doucement, on la redressa. Mais on ne réussit pas à la relever. Le vétérinaire me dit que la survie était compromise, mais qu'on avait fait ce que l'on pouvait. Alors qu'il repartait, j'observais de loin la génisse. Les autres venaient l'embêter, dans la case où elle était, la poussant, la piétinant de curiosité. Je lui avais mis un seau d'eau, mais il était renversé. Je décidai de prendre le tracteur et de la tirer hors de la case, par les deux pattes avant. Elle se laissa faire, exténuée. Je la laissai dehors, les bâtiments étaient pleins, mais je lui déposai foin, eau et quelques granulés. Je posai une couverture sur son dos. Là, au moins, elle pourrait se reposer. Il lui fallut trois longs jours pour se relever, mais elle finit par y parvenir. Elle finit même par retrouver de l'appétit, et une véritable joie de vivre, à tel point que je pus, une semaine plus tard, la réintroduire dans le lot d'animaux avec lesquels elle vivait. C'était ma première victoire après le paramphistome, une victoire dont j'avais besoin pour me rassurer sur ma capacité à tenir cette ferme. Après mes aventures à la coopérative, j'étais à la fois la Anne-Cécile d'alors et cette bête exténuée. J'avais besoin de repartir sur une victoire et de prendre un temps de repos, pour panser mes plaies.

C'est ce que le destin m'offrit.

Monter les marches à Cannes

Peu de temps après mes aventures, je reçus un coup de téléphone d'Édouard Bergeon. Édouard est réalisateur, notamment du film *Au nom de la terre.* À la sortie de ce dernier, je m'étais rendue trois fois au cinéma pour le voir, dans la petite ville à côté de chez moi. Trois fois, je ne pus pas y accéder, car la salle affichait complet. Je dus finalement attendre la sortie du DVD pour le découvrir ! En ruralité, les gens s'étaient reconnus dans ces images dures de l'agriculture. Ce long-métrage décrit la jeune vie d'Édouard, celle d'un enfant qui perd son père, agriculteur. Il le perd parce que son exploitation agricole sombre et sa vie en même temps.

Je rencontrai Édouard à l'occasion de sa venue dans ma ferme. Il souhaitait filmer notre échange sur l'avenir de l'agriculture française. Je ne le connaissais pas, mais je dois dire que je ne pouvais pas refuser, tant son film m'avait marquée. Il faisait beau et froid ce jour-là, on s'était installés au milieu de la cour de la ferme. Les vaches n'étaient pas très bien paillées, il me le fit remarquer. On n'avait plus de paille, la récolte avait été maigre. Je lui répondis qu'on faisait ce qu'on pouvait, il sourit. Alors que la caméra débutait sa prise, notre échange commença et il sembla ne jamais devoir s'arrêter. Notre débat s'étendit pendant une heure et demie, mais il me sembla que seules quelques minutes avaient passé. C'était si naturel. Lui aussi parut surpris, de cette rencontre d'âmes qui sonnait juste, de cette amitié sincère qui naissait.

Édouard et moi, nous avions connu le même choc, celui d'une nature qui sait devenir hostile, d'une maladie qui détruit, d'hommes dépourvus d'honnêteté, d'un père qui disparaît. Nous avions développé, en riposte, le même engagement, pour l'agriculture, l'environnement, la société. Et nous avions en tête le même devoir, celui de construire, d'aider, d'aimer.

Alors, tandis que je venais d'être abattue, durement, il vint me relever. Édouard Bergeon m'appela un matin pour me proposer de monter les marches du Festival de Cannes, avec deux autres femmes agricultrices et engagées, comme moi. C'était, à la ferme, le moment de la moisson de l'orge. J'hésitai, il y avait du travail dans les champs... Julien me dit que j'étais bête, qu'il fallait y aller. Maman fit de même. Alors je filai. Et une gerbe de blé en main, je défilai. Ces marches que je montais, elles représentaient ces femmes qui, comme moi, se battent pour réussir à réaliser ce qui compte pour elles. Cette gerbe de blé, elle était comme les fruits qui devaient naître de ces combats : sans doute petits, sans doute discrets, mais accrochés les uns aux autres, certainement structurants. Cette montée des marches, surtout, était collective. Elle était le témoin que, si certains sont là pour profiter de la vie aux dépens d'autrui, d'autres s'évertuent à aider et à aimer leur prochain. Elle était le témoin que ces facilitateurs, ces partenaires de combat, il faut s'en entourer, s'y appuyer, leur donner, réciproquement, un appui, afin de collectivement avancer. Je plongeai le temps d'une soirée dans le monde du cinéma, je côtoyai dans les restaurants et les bars cannois réalisateurs, comédiens, techniciens, et c'était comme plonger dans la féerie des *Mille et Une Nuits*. Tout le monde était là pour fêter le cinéma, fêter la vie. Ça faisait du bien.

Il était temps pour moi de reprendre ma vie.

Le temps de la récolte

Cela commença par la décision de nous marier. L'idée nous vint, à Julien et à moi, de le faire à la maison, à la ferme, entourés de nos proches, de ceux qui nous avaient aidés. Là où à présent nous souhaitions créer notre foyer. Et cela avait tant de sens, de s'engager à construire notre futur dans le bonheur, là où nos racines sont profondes, avec ceux que l'on aime. De le construire près de ma mère, qui nous choyait et qui pourrait choyer ses petits-enfants, le jour venu.

Cette première résolution entraîna la seconde : restaurer le dernier bâtiment en ruine de notre corps de ferme, pour y créer notre maison, à Julien et moi. Papa avait de grands projets pour cette ruine abandonnée, mais jamais il n'aurait imaginé qu'elle deviendrait mon chez-moi. C'est pourtant, avec Julien, avec l'appui de ma mère, ce qui fut décidé. La charpente, les lucarnes, étaient déjà faites et reposaient au milieu de la cour principale depuis des années. Un grand arbre poussait au milieu du bâtiment, ses racines déchaussant les fondations, et les murs étaient en ruine, attaqués par l'humidité. Mais nous l'avions acté : nous vivrions là. Les travaux débutèrent ainsi à un rythme poussé, parce que, bien entendu, aux braves rien ne fait peur : nous avions également décidé que tout serait terminé pour le jour de notre mariage. Je me dévouai corps et âme pour que notre maison soit finie à temps. Guillaume m'aida à déblayer la cour principale des gravats, j'aidai Julien à nettoyer pavés et pierres pour que tout soit, ou utilisé pour notre maison, ou rangé de façon ordonnée.

L'objectif fut atteint. Alors que nous ouvrions, ce 4 juin 2022, notre maison aux invités, alors que nos proches découvraient ce lieu où papa repose, sous un rosier, ce lieu où il a laissé une part de son âme et où maman, Julien et moi avons également déposé notre cœur, la fierté était immense, le bonheur du partage… intégral. Ce moment s'écoula pour nous comme dans un rêve, le rêve bien sûr de devenir une famille, mais le rêve aussi d'avoir fini enfin la Gaulardière, d'avoir réalisé le rêve de mon père, qui était devenu le nôtre.

Sans mon renvoi de la coopérative, je n'aurais pas pu prendre le temps nécessaire pour achever les travaux. Notre mariage n'aurait pas pu se faire ainsi chez nous. Ce rêve ne se serait pas concrétisé. Alors, après tout, peut-être le destin avait-il décidé qu'il était temps de savourer de pleines bouffées de bonheur.

D'autres rêves attendaient.

Savourer l'instant

Nous prîmes ensuite, Julien et moi, la décision de nous donner un peu de temps pour accompagner ce moment charnière qu'a été l'élection présidentielle de 2022. Nous avions rejoint la campagne de Valérie Pécresse.

On ne peut imaginer l'effervescence d'un quartier général de campagne. Très concrètement, cela reprend le principe d'une fourmilière. Chaque fourmi a sa place, son rôle, sa mission. Si l'une sème le désordre, ce sont toutes les autres qui sont perturbées. Cette campagne, c'était un peu ça. Des défauts sur le programme, sa diffusion, sa réactivité ? C'était le combat d'idées qui se reconfigurait complètement, parfois un peu n'importe comment. Un chef voulant trop, tout maîtriser ? Les fourmis trouvaient un moyen détourné pour réaliser leur boulot. Un défaut de transmission lors d'un meeting ? C'était l'ébullition pour rattraper le coup. Des territoires qui ne se reconnaissaient pas dans une candidate trop urbanisée ? Les fourmis s'élançaient vers la ruralité pour rattraper le maximum de votes en vol.

La seule grande différence entre une vie de fourmi et cette campagne aura été qu'à l'inverse d'une fourmilière, lorsque la reine flanchait, la règle du chacun pour soi dominait. C'est peut-être ce qui a fait capoter la campagne, mais sans doute est-ce surtout un trait inhérent à une partie de la nature humaine, ou de la nature tout court. Bien sûr, sur un terrain aussi bouillonnant de volontés personnelles croisées, mon expérience fraîchement acquise me servit.

Sur les sujets agricoles en particulier, se voyant déjà chef de cabinet, une acolyte historique de Valérie Pécresse fit tout pour me barrer le chemin. Moi qui ne rêvais que de faire passer mes idées, voilà que j'étais propulsée en rivale à abattre. Je luttais tant que je pouvais pour qu'un certain nombre d'idées un peu nouvelles irriguent le programme de la candidate que j'avais choisie. Ce furent des heures de travail avec les représentants professionnels, les élus spécialistes des questions agricoles, les autres membres de l'équipe de campagne investis sur ces thèmes. Valérie Pécresse, contrairement à l'image qui a beaucoup été véhiculée durant la campagne, était très investie dans les enjeux agricoles. Les réunions que nous menions avec elle duraient des heures, souvent au détriment des suivantes. Xavier Bertrand, également, contribuait à donner du poids au sujet.

J'avais néanmoins le sentiment que le programme agricole souffrait atrocement d'un manque de novation, ce qui fut en réalité un trait propre à tous les programmes présidentiels en la matière. Les propositions nouvelles possibles, pourtant, ne manquaient pas. J'aurais aimé qu'on assume davantage la vocation nourricière de l'agriculture, qu'on parle alimentation, pour ne pas nous adresser qu'aux agriculteurs. Dans les programmes comme dans la vraie vie, le personnel politique tend à parler aux agriculteurs ou aux citoyens, souvent en les opposant, en les montant les uns contre les autres. Cela constitue, inconsciemment, un dénigrement. J'aurais également voulu que l'élevage soit davantage mis en avant en tant que solution à l'impérative préservation de la biodiversité, que l'industrie agroalimentaire, maillon essentiel à la valorisation de la production agricole, soit intégrée au programme, afin de développer de vraies propositions relatives à la revitalisation des territoires agricoles et à notre souveraineté alimentaire. J'essayai d'intégrer dans l'équipe quelques têtes pensantes de l'agriculture française aujourd'hui, que j'estime particulièrement, mais le directeur du programme m'indiqua résolument que, non, il fallait séniориser la campagne, apporter de la légitimité au programme et donc éviter autant que possible les personnes de moins de quarante ans. Grave erreur en réalité, que de ne pas équilibrer les générations, surtout au sein d'un parti à l'électorat vieillissant. Bref, le programme refléta quelques-unes de mes idées seulement : soutien de la polyculture-élevage en raison de ses bienfaits pour l'environnement, introduction de l'éducation à l'alimentation dans les programmes scolaires, ou encore lien entre politique agricole et politique alimentaire afin d'orienter durablement et clairement les productions au regard de nos ambitions de souveraineté et de santé publique.

En revanche, à titre personnel, j'en pris de la graine. Comme ce fut passionnant, de voyager dans le Doubs, le Lot ou encore ma Normandie natale aux côtés de la candidate ! De découvrir les fruitières de Comté, au milieu d'une neige immaculée, ou encore les unités de transformation de la noix, au cœur des plus belles forêts. Les rencontres avec les agriculteurs étaient pour moi magiques, alors qu'ils me racontaient leurs défis quotidiens. J'aimais me promener en périphérie de la foule, pour échanger avec ceux qui, de loin, écoutaient les discours, en quête d'un espoir de renouveau. François-Xavier Bellamy, encore une fois d'une grande générosité, me retrouva également au Salon de l'agriculture de Paris, qui eut lieu à la fin de la campagne présidentielle. Il me proposa de me joindre à lui pour les rencontres qu'il avait planifiées avec les représentants des secteurs agricoles et de la pêche. Bien sûr, j'étais ravie. Ces derniers nous firent part de leurs problématiques spécifiques, entre nécessaire renouvellement des bateaux de pêche, difficile disparition des cages pour les coqs reproducteurs ou encore possible pénurie de poulet du fait de la guerre en Ukraine. Cela m'aida beaucoup à créer du lien entre les filières agricoles, car au fond toutes sont confrontées aux mêmes difficultés. La première d'entre elles réside dans les distorsions de concurrence au sein de l'Union européenne : les réglementations en vigueur, de même que les aides accordées, varient d'un État européen à un autre, tandis que le marché unique impose une libre circulation des denrées agricoles au sein de l'Union. En résultent des conditions d'exercice du métier d'agriculteur très différentes d'un pays à un autre, mais une égale exigence de compétitivité. La France aimant faire plus blanc que blanc, les agriculteurs français, toutes filières confondues, se retrouvent ainsi confrontés à la concurrence inégale d'autres pays, provoquant parfois l'érosion de productions entières : pommes, carottes des sables, élevages ovins… S'y ajoute une forte instabilité normative. Les réglementations changent constamment, rendant le futur difficilement prévisible et le présent angoissant : difficile pour un agriculteur d'être à la page des nouvelles réglementations, mais gare à lui en cas de contrôle !

Doucement, au fil de la campagne, je passai donc d'un engagement soutenu à, une fois le programme validé, un certain effacement intéressé. Décidant qu'un combat d'ego n'était pas tout à fait mon objectif dans la vie, je ne maintins ma présence dans la campagne que pour mieux côtoyer les agriculteurs, eux que, depuis ma ferme, je ne voyais jamais. Je m'ouvrais ainsi à d'autres mondes, dans un opportunisme constructif, et n'en continuais pas moins, sur un autre terrain, mon combat pour les idées.

Il faut avouer que les objets d'engagement étaient nombreux. Débats sur les pesticides, le glyphosate, l'élevage… Tant de contre-vérités affirmées avec assurance sur la scène publique… Je me battais pour faire entendre au grand public que, sans élevage, pas de prairie ni de zone humide, que, sans pesticides, pas d'alimentation pour tous. Les solutions ne manquent pourtant pas pour préserver l'environnement, diminuer l'usage des produits phytosanitaires, mais les moyens, si.

Semer le futur

À l'issue de la campagne présidentielle, entre les pénuries liées au Covid, puis celles provoquées par la guerre en Ukraine, on se rendit enfin compte, jusqu'aux hautes sphères politiques et économiques, de la fragilité de notre souveraineté alimentaire et de la fin de l'abondance sur laquelle reposait cette nonchalance à l'égard de l'avenir des agriculteurs. Je décidai que j'avais mon rôle à jouer, ma part à prendre dans l'éclairage des décisions sur ces sujets. En septembre 2022, quelques mois après mon mariage, j'intégrai donc Kéa, un cabinet de conseil en stratégie.

Je m'y plais, dans ce cabinet, d'abord parce que je peux, à de multiples échelles, construire ces ponts entre l'agriculture et l'économie qui me tiennent tant à cœur. Je peux sécuriser les approvisionnements des plus gros groupes alimentaires en leur faisant comprendre que leur sécurité passe avant tout par la sécurité de l'agriculteur. Je peux tirer les fils des raisonnements des exploitants, pour en faire des axes de décision à haut rang, afin que tout le monde trouve sa place dans les nouveaux modèles économiques qui se dessinent. Nous vivons une période de transition passionnante, où les anciens équilibres ne tiennent plus. Ces derniers sont allés au bout de leur logique, de nouvelles dynamiques se dessinent. Des acteurs prendront le pouvoir, on ne refait pas les règles de marché. Mais lesquels ? Rien n'est sûr. Mon combat, dans tout cela, est que l'agriculteur ne soit pas le dernier à en profiter. Je ne le fais pas pour lui, je le fais pour nous. Nous, citoyens, qui avons besoin des agriculteurs pour manger, vivre. Je le fais pour l'environnement, car toute nouvelle prairie labourée par l'abandon d'un élevage est un drame. Je le fais pour ces entreprises qui, si elles ne pensent pas le long terme, ne parviendront pas à survivre aux temps qui viennent. Mais je le fais aussi pour moi. Je le fais, car je n'envisage pas mon pays sans ces prés qui nous nourrissent. Je n'imagine pas une ferme, je n'imagine pas ma ferme, sans ces animaux qui la font respirer, au lever du soleil comme au soleil couchant, au rythme des saisons.

C'est ce que je dis aux étudiants de l'École supérieure d'agricultures d'Angers, lorsque j'allai les voir en janvier 2023, après qu'ils m'avaient demandé d'être leur marraine de promotion. Le discours que je prononçai ce soir-là était en quelque sorte l'achèvement de la réflexion portée dans ce livre, le résultat d'une maturation profonde sur ce qu'est pour moi l'engagement. Je leur décrivis la nature essentiellement commune de l'engagement. On s'engage en tout, que l'on aime ou que l'on déteste, en choisissant... L'enjeu n'est donc pas de savoir s'engager, mais de le faire correctement, dans la bonne direction, celle qui nous correspond. Car ne nous trompons pas : la vocation ultime de l'engagement est de nous rendre heureux. Or on n'est pas heureux à ne penser qu'à soi, à s'isoler du monde. Notre vie n'est qu'angoisse quand on ne fait que se demander : « Pourquoi suis-je sur cette Terre ? À quoi est-ce que je sers ? » On est heureux à l'inverse quand on sait qu'on est à notre place, qu'on concrétise ce pour quoi on a envie d'exister. On peut avoir envie d'exister pour notre famille, pour défendre la nature ou encore pour écrire la plus belle composition musicale ayant jamais existé. Mais s'engager doit nous permettre de nous réaliser. Cela suppose de trier entre l'utile et l'accessoire dans cette quête, car on ne peut pas tout faire en même temps. Et c'est bien là le plus difficile : choisir ses combats. S'engager, c'est renoncer, aussi. Là encore, ma boussole est le bonheur : si l'on n'est pas heureux dans ce que l'on fait, si l'on n'a pas le sentiment de se réaliser, c'est que l'on n'est pas à sa place. Cela signifie que la vie veut pour nous d'autres combats.

La soirée avec les étudiants se termina autour d'un dîner. Ils m'époustouflèrent par leur maturité, leur vision pondérée du monde, leur mesure et tout en même temps leur ambition. À force de se battre contre des murs, on oublierait presque toute cette partie du monde qui réfléchit et construit.

Le dîner ne fut cependant pas de tout repos pour moi : j'étais prise de nausées. Impossible de finir mon plat. Ajoutez à cela une fatigue extrême… À regret, je renonçai à poursuivre la soirée autour d'un verre pour aller me coucher, avec le sentiment que quelque chose ne tournait pas rond.

Au matin, je n'eus pas le temps de passer à une pharmacie avant le départ de mon train, le réveil avait été un peu trop tardif… et difficile. C'est donc de retour à Paris que je sautai dans la première pharmacie que je trouvai, gare Montparnasse. Un passage aux toilettes plus tard, je découvris qu'un nouvel acteur entrerait neuf mois plus tard dans ma vie.

Alors que j'écris ces lignes, mon ordinateur est posé sur mon ventre arrondi. Que la vie est drôle, de sursaut en sursaut, de péripétie en péripétie.

Ma vie, il faut l'avouer, n'est pas de toute tranquillité, me faisant bondir de projet en projet. À l'horizon de mes trente ans néanmoins, tout me pousse à regarder ces années écoulées et à les mobiliser, pour en faire un objet de transmission. Moi à qui on a beaucoup transmis.

Mon père m'a transmis, sa ferme, ses principes, son courage. Ma mère m'a transmis, tant de choses, mais avant tout la force de continuer, en étant toujours là pour moi. Elle est mon restant d'enfance. Julien m'a transmis, la volonté et la joie de vivre. Guillaume m'a transmis, son savoir et son aide. Alice m'a transmis, sa vie d'expérience, sa confiance. Mes amis m'ont transmis, leur amour avant tout. Mes vaches m'ont transmis, cette sérénité et l'infinie force de la nature. À mon tour de transmettre. Par ces lignes, aux lecteurs, qu'ils soient étudiants, agriculteurs, ouvriers, cadres, retraités, citoyens en somme ; à ceux que j'aime ; à cet enfant qui grandit en moi. Un nouveau sillon est à tracer. Je sais en tout cas que beaucoup de bonheur reste à faire germer.

Épilogue

Les bêtes dorment paisiblement sous le hangar. Il est autour de 11 heures. Elles ont mangé, elles sont repues et la somnolence les prend doucement. Je ne peux que compatir. Il ne reste là que les dernières vaches attendant encore leur vêlage. Le printemps est déjà bien entamé, leurs congénères broutent depuis plusieurs mois l'herbe du dehors. Elles, elles attendent. Comme moi, le ventre rond, que leur progéniture daigne sortir au-dehors, pour être vraiment avec elles. En attendant, lourdement, elles se reposent. Je les regarde faire. Elles m'inspirent une paix intérieure que je ne trouve qu'à leurs côtés.

Je ne suis pas seule. N'osant pas vraiment parler, sans doute eux aussi happés par le calme des lieux, deux jeunes parents m'accompagnent et murmurent quelques paroles à leurs enfants, de trois et six ans. Les enfants ouvrent de grands yeux, impressionnés devant ces larges animaux de trois fois leur hauteur. Le petit garçon est plus timide, tandis que la petite fille finit par s'approcher prudemment, pour tendre une bouchée de foin à une vache couchée près d'une barrière. La vache, intéressée, renifle et s'apprête à accepter l'offrande. Mais n'a-t-elle pas ouvert la bouche que la petite fille recule précipitamment, sans doute de peur d'être mangée tout entière.

Je la prends par la main. Nous entrons ensemble dans une petite case, où un veau vient de naître. La mère, confiante, nous regarde faire sans s'alarmer. Doucement, je caresse le veau et propose à la petite de faire de même. Comprenant, elle s'assoit précautionneusement dans la paille fraîche, aux pieds du veau. Se penchant en avant, elle dépose sur son front un baiser et, prise d'un élan de tendresse, se couche à son côté.

Je ne sais pas pour vous. Mais moi j'ai envie que mon enfant, un jour, puisse aussi vivre ce moment. Cela suppose qu'il y ait encore demain des élevages bovins en France, une agriculture respectueuse des hommes et des animaux. Cela ne se fera pas sans rémunération, considération, ni sans passion. Cela ne se fera pas sans nous, chacun d'entre nous.

Table des matières

Partie 2
Les sillons que l'on suit

Partie 3
Des sillons à tracer

Achevé d'imprimer en janvier 2024
sur les presses de Normandie Roto Impression s.a.s.
61250 Lonrai (Orne)
pour le compte des éditions Fayard
13, rue du Montparnasse, 75006 Paris

Composition réalisée par Belle Page

PAPIER CERTIFIÉ

fayard s'engage pour l'environnement en réduisant l'empreinte carbone de ses livres. Celle de cet exemplaire est de :
0,800 kg éq. CO_2
Rendez-vous sur www.fayard-durable.fr

N° d'éditeur : 61-3046-3/01
Dépôt légal : janvier 2024
N° d'impression : 2305615

Imprimé en France